Marcus Schmieke

Vasati

für Liebe und Partnerschaft

Glück und Harmonie durch die Kraft Ihres Wohnraums

Marcus Schmieke

Vasati für Liebe und Partnerschaft

Glück und Harmonie durch die Kraft Ihres Wohnraums

Weitere Bücher von Marcus Schmieke im Hans-Nietsch-Verlag: *Vastu für Einsteiger, MaHaBote* und *Planeten-Essenzen* (mit Dr. Harald Kinadeter). Informationen zu diesen Veröffentlichungen finden Sie unter: www.nietsch.de. In Vorbereitung: *Vasati für Gesundheit* und *Vasati für beruflichen und finanziellen Erfolg.*

Lektorat: Martina Klose
Korrektorat: Sylvia Schaible
Umschlaggestaltung: Peter Krafft
Innenlayout und Satz: Rosi Weiss

Hans-Nietsch-Verlag
Postfach 228
79002 Freiburg

www.nietsch.de
info@nietsch.de

ISBN 3-934647-07-3

Inhalt

Vorwort

Jedes Gebäude hat seine individuelle Persönlichkeit. Es gleicht einem lebenden Organismus. In manchen Gebäuden fühlen wir uns rundum wohl und es gelingt uns einfach alles. In anderen Gebäuden sind Menschen ständig krank und erleiden einen Rückschlag nach dem anderen. Mit *Vasati* gestalten Sie die „Persönlichkeit" Ihres Gebäudes durch gezielte Maßnahmen. So überlassen Sie die Qualität Ihres Wohn- und Arbeitsraums nicht dem Zufall. Sie schaffen harmonische, kraftvolle Räume, die Sie auf allen Ebenen vor negativen Energien schützen und in denen sich positive Energieströme auf optimale Weise verteilen. Auf diese Weise werden alle Lebens- und Arbeitsvorgänge erleichtert und bereichert.

Vasati ist vor mehr als 5000 Jahren in Indien unter dem Begriff „Vastu" entstanden. Als Wissenschaft der Raumqualität gründet es auf den energetisch-harmonischen Naturgesetzen des Universums. Ein nach Vasati gestaltetes Gebäude lässt sich mit einem vollendeten Kristall vergleichen. Sein energetisches Schutzschild ist so stark, dass fremde negative Energien von außen nicht hineingelangen, und seine innere Struktur ist so harmonisch, dass positive Energien optimal verteilt und ausgeschöpft werden.

Noch heute kann man in Indien die Jahrtausende alten Vastu-Gebäude besichtigen und ihre Kraft und Harmonie erleben. Über den Himalaja gelangte Vastu nach Norden und beeinflusste das chinesische *Feng Shui*. Auch im alten Europa prägte Vastu das Wohnen und Bauen, etwa in der römischen Stadtarchitektur Vitruvs, die in den Renaissancebauten Andrea Palladios wiederbelebt wurde. Die moderne Naturwissenschaft ermöglichte es, die Naturgesetze der Raumenergie unabhängig von Kultur und Klima zu verstehen. Das Ergebnis ist Vasati: die moderne, zeitgemäße Umsetzung einer Jahrtausende alten wissenschaftlichen Tradition.

Vasati betrachtet den Wohnraum als Mikrokosmos, der die Kräfte der Natur und des Kosmos auf der physischen, energetischen und karmischen Ebene auf uns Menschen wirken lässt. Wir besitzen einen physischen Körper, der von einem Energiefeld durchdrungen wird und unter dem Einfluss karmischer Gesetzmäßigkeiten steht. So beeinflusst das Energiefeld des Gebäudes seine Bewohner auf diesen drei Ebenen. Das geschieht vor allem durch den Fluss der Lebensenergie in der Natur und im Haus, durch den Einfluss der fünf Elemente und die Wirkung der neun Planeten.

Alle Lebensbereiche werden so durch die Eigenschaften des Wohnraums beeinflusst. Vor allem die Gesundheit des Menschen, seine Beziehungen in Familie und Partnerschaft und seine berufliche Entwicklung spiegeln sich in den Eigenschaften seines Wohnraums wider. (Jeder dieser drei Bereiche wird in einem gesonderten Band erörtert. *Vasati für Gesundheit* und *Vasati für beruflichen und finanziellen Erfolg* sind in Vorbereitung.)

Meine Erfahrung in Hunderten von Vasati-Beratungen über viele Jahre hinweg zeigt, dass man negative Einflüsse mit Hilfe einfacher Korrekturen neutralisieren und dadurch helfen kann, selbst schwerwiegende Probleme zu lösen. Vielfach berichten die Menschen, dass sich ihr Wohlbefinden nach Vasati-Korrekturen verbessert hat. In einigen Fällen lösten sich sogar größere Probleme, die bereits über viele Jahre hinweg bestanden hatten, wie etwa Schlaflosigkeit, ungewollte Kinderlosigkeit, dramatischer Familienstreit, finanzielle Schwierigkeiten und akute Schmerzen.

In diesem Buch erfahren Sie, wie Sie Probleme und Schwierigkeiten in Beziehungen, in der Familie, der Partnerschaft und der Liebe im Spiegel Ihres Wohnraums erkennen können. Sie finden weiterhin eine große Anzahl von Korrekturvorschlägen, mit deren Hilfe man negative Einflüsse neutralisieren und positive Gegengewichte schaffen kann. Das Spektrum möglicher Korrekturen reicht von einfachen baulichen Maßnahmen über Veränderungen der Einrichtung bis zu energetischen Korrekturen mit Hilfe von Bildern, Farben und Yantras. Yantras sind spezifisch für die Korrektur von Vasati-Defekten im Wohnraum entwickelte Mandalas, die man an den Wänden der Räume oder an Einrichtungsgegenständen befestigt. Da sie vor allem auf der karmischen Ebene wirken, eignen sie sich besonders gut, um Beziehungen in Familie und Partnerschaft zu unterstützen. Gern können Sie mich über Ihre Erfahrungen mit diesen Korrekturen informieren.

Ich wünsche Ihnen viel Freude und Erfolg bei der Umsetzung von Vasati in Ihrem eigenen Wohnraum. Möge es Ihnen helfen, Räume für ihre eigene spirituelle Entwicklung und die ihrer Mitmenschen zu schaffen.

Ihr Marcus Schmieke (im Sommer 2006)

Einführung
Das Kamasutra des Wohnens

Die indische Lebensphilosophie ist voller Gegensätze: In kaum einem anderen Land der Erde begegnen sich so unverblümt nackte Armut und prunkvoller Reichtum am gleichen Ort zur gleichen Zeit. Kaum ein anderes Land der Welt kennt so viel Elend auf der einen Seite und so viel erhabene Schönheit und Weisheit auf der anderen. Es liegt in der indischen Seele, die Widersprüche, die das Leben kennzeichnen, offen zu sehen, sie zu zeigen und sie zu einer höheren Erfahrung zu vereinen.

So steht es auch mit der Liebe. Uns Europäern mag es unverständlich erscheinen, dass das bekannteste Buch der indischen Liebeskunst, das *Kamasutra*, von einem Mönch geschrieben wurde. Die tiefe, verwirklichte Weisheit des Autors, die in seinem Werk über das Wesen von Beziehungen, Liebe und Sexualität liegt, beeindruckte Hunderte von Generationen in unzähligen Ländern der Welt. Gerade weil der Autor in sexueller Enthaltsamkeit lebte, konnte er diesen wichtigsten Themen mit Weisheit und Tiefe begegnen. Ohne bestimmte Dinge abzulehnen und sich von anderen angezogen zu fühlen, legt er das Wesen der Sexualität offen und zeigt, dass das menschliche Leben in der in Wahrheit und Liebe gelebten Sexualität zur Vollkommenheit geführt werden kann.

Liebe ist das erste und tiefste Bedürfnis der menschlichen Seele. Und die Fähigkeit zu lieben ist jedem von uns gegeben. Schon das Kind bedarf der Liebe seiner Mutter und seines Vaters und ist in der Lage, ihnen seine Liebe zu schenken. Zu keiner Zeit in unserem Leben können und möchten wir ohne Liebe leben; auch im Alter können wir noch lieben und wollen geliebt werden. Diese Fähigkeit der Seele zu lieben drückt sich in ganz unterschiedlichen Beziehungen aus: Die unschuldige Liebe des Kindes zu seinen Eltern und die leidenschaftliche sexuelle Beziehung zweier liebender Erwachsener bilden hier zwei Pole des unbegrenzten Spektrums der Ausdrucksformen der Liebe. Die Liebe eines Menschen kann sich auf eine Person richten und sie kann auf alle Lebewesen ausgeweitet werden, wie es große Weise und Heilige vorleben.

Sexualität begleitet den Menschen ebenfalls durch das ganze Leben: Der Lebenszyklus beginnt mit der Zeugung beziehungsweise Empfängnis, der sexuellen Vereinigung der Eltern, die es der Seele erlaubt, wieder in diese Welt geboren zu werden. Der heranwachsende Embryo erfährt zunächst die Geborgenheit des Mutterleibes und später als Säugling die Wärme und Nähe seiner Mutter. Erst allmählich entdeckt der heranwachsende Mensch seine eigene Geschlechtlichkeit und die Polarität der Geschlechter in der Welt. Die Polarität „männlich" und „weiblich" und die damit verbundene Anziehung ist das Urprinzip der Sexualität. Allerdings trägt jeder Mensch diese beiden Pole in sich und nimmt sie gleichzeitig ständig in seiner Umgebung wahr. Die gesamte Schöpfung wird aus dem Wechselspiel dieser Polarität heraus immer wieder neu geschaffen. Damit ist die Sexualität das Grundprinzip materieller Schöpfung. Und gleichzeitig ist sie ein spiritueller Impuls in der materiellen Energie, da sie es dem spirituellen Funken, der Seele, erlaubt, sich mit der Materie zu verbinden. Und so ist die Sexualität auch der Schlüssel der Seele, um sich von der Materie zu befreien. Weder ein Mensch, der der Sexualität verfallen ist, noch ein Mensch, der sie aus Frustration oder Angst ablehnt, kann zu wahrer Weisheit gelangen. Die Verbindung von Sexualität und Liebe ist der Schlüssel zu einem in wahrer Weisheit geführten, erfüllten Leben und zu echter Spiritualität. Sexualität ohne Liebe führt aber niemals zu einer erfüllenden Beziehung, sondern in den meisten Fällen zu schlichter Gewalt. Unzählige Beispiele in diesem Zusammenhang lassen sich täglich in allen Zeitungen der Welt lesen. Es ist diese lieblose Lust, die viele Beziehungen der heutigen Zeit prägt.

Die vier Lebensziele

Man kann das Kamasutra nur vor dem Hintergrund der vier Lebensziele der altindischen Weisheitstexte (Veden) verstehen. Im Sanskrit werden diese als *Dharma, Artha, Kama* und *Moksha* bezeichnet. *Dharma* bedeutet: aus Pflicht und tieferer Einsicht in die Gesetzmäßigkeiten des

Kosmos seiner Verantwortung entsprechend zu handeln. Handelt ein Mensch seinem Dharma entsprechend, so entwickelt sich seine materielle und wirtschaftliche Situation vorteilhaft, was als *Artha* bezeichnet wird. Aus dem hierdurch gesteigerten Wohlstand erwachsen automatisch der Wunsch und die Befähigung, das Leben in vollen Zügen zu genießen, was im Sanskrit als *Kama* bezeichnet wird und „Genuss, Lebensfreude, Befriedigung der Sinne, Lust und Sexualität" meint. All diese Aspekte des menschlichen Lebens treten in den Vordergrund, wenn ein Mensch durch das Erfüllen seines Dharmas und durch eine erfolgreiche wirtschaftliche Entwicklung zu materiellem Wohlstand gekommen ist. Daher betrachtet das Kamasutra Kama immer im Zusammenhang mit Dharma und Artha - denn ein Mensch muss sich die Freude und den Genuss in seinem Leben „erarbeiten", indem er seine Verantwortung annimmt und sich seine materielle Lebenssituation verdient.

Der Zyklus des vedischen Lebens umfasst jedoch noch eine weitere Ebene, die im Sanskrit als *Moksha* bezeichnet wird, was so viel wie „Befreiung" bedeutet. Nachdem ein Mensch auf der Grundlage von Dharma und Artha eine Zeit lang die Früchte seines Lebens als Kama in Form von Reichtum, Familie und Sexualität genossen hat, mag in ihm eine tiefe Unzufriedenheit über die Unzulänglichkeit aller materiellen Freuden, Genüsse und Beziehungen entstehen. Das geschieht insbesondere dadurch, dass der Mensch in dem Versuch, seine Lebenssituation ganz und gar zu genießen, mit der Vergänglichkeit des Daseins und dem Tod konfrontiert wird. Der Tod lieber Freunde oder Verwandter, Krankheiten oder der Verlust von Geld oder Besitztümern sind für einen intelligenten Menschen Zeichen genug, um jenseits materieller Freude nach der Zufriedenheit und dem Glück der Seele zu suchen.

Die gesamte indische Kultur ist von dem Verständnis geprägt, dass die Dualität von materiellem Glück auf der einen und Leid auf der anderen Seite das charakteristische Merkmal der Welt ist, in der wir leben. Niemand kann Glück erfahren, ohne Leid in Kauf nehmen zu müssen. Die Stufe des Kamas soll den Menschen daher so weit führen, dass er die Vergänglichkeit materiellen Genusses erkennt und nach Befreiung oder Moksha strebt. Kama stellt somit im Lebenszusammenhang eine

Stufe dar, die den Menschen zu einer höheren Erkenntnis führen soll. Das ist jedoch nur dann möglich, wenn die Stufe des Kama – Beziehungen, Liebe und Sexualität – in einem tieferen spirituellen Verständnis durchschritten wird.

Die Beziehung, die wir zu einem Menschen haben, hängt davon ab, was wir in ihm sehen. Betrachten wir ihn lediglich als materiellen Körper, so können wir nur eine rein materielle körperliche Beziehung zu ihm haben. Eine solche Beziehung mag sich in der Partnerschaft im Wesentlichen auf der Ebene der Sexualität ausdrücken. Sind wir jedoch in der Lage, einen Menschen als spirituelle Seele zu erkennen, kann sich eine Beziehung ganz anderer Qualität entwickeln. Einen Menschen als Seele zu sehen bedeutet nicht, dass wir seinen Körper und seine Gefühle nicht wahrnehmen. Das vollkommene Verständnis besteht darin, den Körper und den Geist eines Menschen als Ausdruck der ewigen spirituellen Seele in der materiellen Welt zu betrachten und diese als Werkzeuge der Seele, mit deren Hilfe sie wichtige Erfahrungen macht.

Jedes Lebewesen ist letztendlich von ewiger spiritueller Natur und als solches ein Teil Gottes. Wir sind jedoch nicht ohne Grund in dieser Welt und unser irdischer Körper ist eine Manifestation eben dieses Grundes. Jede Beziehung, die wir mit einem Menschen eingehen, stellt eine große Chance dar, einer anderen spirituellen Seele und damit auch seiner eigenen spirituellen Natur näher zu kommen. Die spirituelle Entwicklung eines Menschen kommt vor allem in seinem Verhalten anderen Lebewesen gegenüber zum Ausdruck.

Spirituelle Beziehungen

Eine spirituelle Beziehung ist eine Beziehung zwischen Seele und Seele, die jedoch der Rolle entsprechend, die die Seelen in dieser Welt spielen, gelebt wird. Wer einen Menschen wirklich liebt, hat immer dessen Wohlergehen im Auge. Man kann sein eigenes Interesse zurücknehmen und ganz im Sinne des anderen handeln. Zum Wohle der Seele zu handeln bedeutet, ihr bei ihrer spirituellen Entwicklung zu helfen. Das Ziel dieser Entwicklung besteht darin, dass die Seele eine Beziehung zu Gott aufnimmt und lebt. Auf der Stufe dieser Vollkommenheit wird das Leben zum „Dienst an Gott und an allen Lebewesen auf dieser Welt". Liebe drückt sich in Form selbstlosen Dienens aus, das eine Seele der anderen oder die Seele Gott beziehungsweise Gott der Seele darbringt. Die große Herausforderung von Beziehungen in dieser Welt besteht darin, dieses spirituelle Ideal zu leben.

Je reiner eine Beziehung ist, je mehr Liebe in ihr zum Ausdruck kommt, desto selbstloser können die Menschen in ihr handeln und umso mehr ist die Seele beteiligt. Wahre Freude kann die Seele nur in einer solchen selbstlosen spirituellen Beziehung empfinden. Die Seele sehnt sich letztlich nach ihrer verloren gegangen liebevollen Beziehung zu Gott zurück und sucht in so vielen materiellen Beziehungen in dieser Welt nach einem Ersatz dafür. Der Wert echter Beziehungen besteht letztlich in dem gemeinsamen Streben nach spiritueller Verbundenheit mit Gott.

Vor diesem Hintergrund wird auch das fünfte Lebensziel der vedischen Kultur klar: die reine Liebe zu Gott. Diese als *Bhakti* bezeichnete Kraft ist der hingebungsvolle Dienst an Gott, der sich in allen Beziehungen eines solchermaßen erleuchteten Menschen ausdrückt. Erst wenn ein Mensch diese Liebe zu Gott erlangt, kann er einen anderen wahrhaft lieben, und ebenso kann er erst, wenn er Liebe zu anderen Lebewesen besitzt, wahre Liebe zu Gott erlangt haben.

Spiritualität sollte alle Lebensbereiche ganz natürlich durchdringen. Sie ist kein zusätzlicher Aspekt unseres Lebens, den wir in irgendeiner Gruppe oder Religion ausüben können, sondern eine Qualität all dessen, was wir tun, denken und wollen. Die größte Herausforderung des menschlichen Lebens besteht nun darin, dass wir unsere wichtigsten Aspekte spirituell leben. Vor allem Liebe und Sexualität müssen auf diese Weise transformiert werden. Nur wenn die Sexualität (Kama) in Liebe und Respekt vor der anderen Person und in spiritueller Verantwortung gelebt wird, kann sie die spirituelle Entwicklung fördern.

EHE, FAMILIE UND VERANTWORTUNG

Auch im spirituellen Sinne spielt Dharma – die Verantwortung der anderen Person gegenüber – die entscheidende Rolle. Sexualität ist ein spiritueller schöpferischer Akt, der etwas Neues entstehen lässt. Kommt es dabei zur Empfängnis, dann wächst ein neues Leben heran, einer spirituellen Seele wird die Gelegenheit gegeben, sich wieder in dieser Welt zu verkörpern. Und beide Partner übernehmen die Verantwortung für die Entwicklung dieses neuen Lebewesens. Doch nicht nur für das Kind sind wir verantwortlich, sondern auch für den Partner. Wäre Sexualität nur erschaffen worden, um Kinder zu zeugen, so wäre sie in der Beziehung zweier Liebender nicht so eng mit den stärksten Gefühlen der Liebe verbunden. Sexualität stellt in dieser Welt die höchstmögliche Vereinigung zwischen Mann und Frau dar und ist daher der Ausdruck der Liebe, die das äußere Voneinander-getrennt-Sein überwinden möchte. Hierbei wird das tiefe spirituelle Empfinden der Seele angesprochen, einer anderen spirituellen Seele und letztlich Gott nahe und auf spirituelle Art und Weise verbunden zu sein.

Drückt sich diese Verbundenheit jedoch nicht im Leben der beiden Partner aus – wobei diese in Liebe und Respekt füreinander die Verantwortung übernehmen –, so erniedrigt sich das Lebewesen durch die Sexualität und verliert sich mehr und mehr in der reinen Körperlichkeit. Wird die körperliche sexuelle Vereinigung nicht von einer tiefen geistigen Vereinigung in Respekt, Liebe und Verantwortung begleitet, dann richtet sich die sexuelle Energie gegen die Menschen und hemmt ihre spirituelle Entwicklung.

Das Kind, das in der sexuellen Vereinigung entsteht, ist der Ausdruck des schöpferischen Impulses im Zusammenfließen männlicher und weiblicher Energie und wird in seiner Entwicklung von der liebevollen Energie der Beziehung, aus der es geboren wurde, genährt. Es erfährt die Liebe seiner Eltern füreinander und nimmt diese in sein eigenes Wesen auf.

Dasselbe gilt auch für die Sexualität, die nicht zur Empfängnis führt: Das schöpferische Potenzial, das aus der liebevollen Vereinigung entsteht, wirkt in das Leben der beiden Partner hinein. Und diese sollten es für ihre eigene spirituelle Entwicklung und das gemeinsame spirituelle Wachstum nutzen, um durch die Sexualität nicht dem eigentlichen spirituellen Wesen entfremdet zu werden.

Die Verantwortung, die zwei Menschen, die eine sexuelle Beziehung eingehen, füreinander übernehmen, kommt in allen Kulturen der Welt in der Ehe zum Ausdruck. Sich gegenseitig Liebe und Treue für das ganze Leben zu geloben bedeutet, die Verantwortung füreinander und für alles, was aus dieser Verbindung entsteht, anzunehmen. Familie stellt nun einen Beziehungsraum dar, der all das schützen kann. „Familie" lässt uns sofort an eine Wohnung oder ein Haus denken, denn sie braucht einen geschützten Raum zum Leben. Der Wohnraum und seine Qualitäten beeinflussen die Beziehungen innerhalb einer Familie stark. Um die komplexen Zusammenhänge zu verstehen, ist es zunächst einmal wichtig, die acht Lebensbereiche des Kamasutras zu betrachten.

Die acht Lebensbereiche des Kamasutras

Im Kamasutra werden acht Lebensbereiche behandelt, die um ein gemeinsames Zentrum – die „Liebe“ – herum angeordnet sind. Wie der Raum, um ein Zentrum herum angeordnet, acht Himmelsrichtungen mit spezifischen Qualitäten besitzt, lassen sich auch die verschiedenen Bereiche der Liebe im Kreuz der Himmelsrichtungen darstellen. Diese Darstellung hilft, die Zusammenhänge zwischen den einzelnen Bereichen – etwa Beziehungen, Sexualität, Verantwortung, Ehe, Familie – zu verstehen und weist so einen Weg, wie wir durch bewusstes Wohnen unsere Beziehungen verbessern können.

Norden – Fruchtbarkeit und weibliche Kraft

Wenn Sie die Himmelsrichtungen eines Raums bestimmen wollen, begeben Sie sich mit einem Kompass in dessen Mitte und warten, bis die Nadel des Kompasses ruhig steht. Blicken Sie nun in diese Richtung – die des magnetischen Nordpols –, so können Sie deren energetische

Nordwesten *Beziehungen, Gefühle, Kommunikation und Veränderungen*	Norden *Fruchtbarkeit und weibliche Kraft*	Nordosten *Kinder und Zeugung*
Westen *Liebesbeziehung und Ehe*	**Liebe und Respekt**	Osten *Spiritualität und männliche Kraft*
Südwesten *Ahnen, Eltern und ihr Einfluss auf die Familie*	Süden *Dharma und Verantwortung*	Südosten *Sexualität und Lebenslust*

Abbildung 1: Die acht Lebensbereiche des Kamasutras

Qualität wahrnehmen: Besitzt der Raum, in dem Sie sich befinden, im Norden ein Fenster, so ist das noch einfacher. Steht das Haus außerdem in der Natur, dann können Sie mit ein wenig Übung wahrnehmen, wie aus dem Norden die organischen Energien der Erde in den Raum hineinfließen. Selbst in der Stadt erreichen uns aus dem Norden die Leben fördernden Energien der Erde, doch sind sie dort durch die dichte Bebauung und eine Vielzahl unnatürlicher technischer Fremdeinflüsse vermindert beziehungsweise vermischt. Die Energie des Nordens ist von beschützender, nährender, kühlender und heilender Qualität. Es ist die Energie der Mutter oder, allgemeiner gesprochen, die weibliche Energie, die uns aus dem Norden erreicht. Von ihr hängen Fruchtbarkeit, Gesundheit und das Gefühl der Geborgenheit ab – all das wird durch den Raum an seine Bewohner weitergegeben. Dieser Himmelsrichtung ist der Planet Merkur zugeordnet.

Liebe und Schutz der Mutter sind für einen Menschen in der Kindheit und Jugend von grundlegender Bedeutung. Häufig sind Partnerschaften dadurch belastet, dass der Mann eine problematische Beziehung zu seiner eigenen Mutter hat und diese Störung in die

Beziehung hineinprojiziert. Die Eigenschaften des Wohnraums im Norden spiegeln die Qualität der mütterlichen Energien wider und weisen auf die Beziehung der Bewohner zu ihren Müttern hin.

Der Norden sollte offen, sauber, ordentlich und leicht gestaltet werden, um den dort einfließenden organischen Lebensenergien einen optimalen Zugang zum Wohnraum und dessen einzelnen Räumen zu gewähren. Außerdem sollten die Räume im nördlichen Teil des Hauses für anspruchsvolle Tätigkeiten genutzt werden, um die hohe Qualität dieser Richtung zu nutzen und die mit dem Norden verbundenen Lebensbereiche der Menschen im Haus beziehungsweise in der Wohnung zu stärken. Solche anspruchsvollen Tätigkeiten sind zum Beispiel Meditation, Lesen, konzentriertes Arbeiten, heilende und künstlerische Tätigkeiten usw. Der Norden des Hauses oder der Wohnung ist also der ideale Platz für einen Meditationsraum, ein Atelier, ein Arbeits-, Wohn- oder Lesezimmer oder einen Therapieraum.

Ist der Norden auf diese Weise seiner energetischen Natur entsprechend gestaltet, dann sind die weiblichen Energien stark, was für eine glückliche Partnerschaft sehr wichtig ist. Die finanzielle Situation und die materielle Entwicklung werden durch die Eigenschaften des Wohnraums im Norden ebenso beeinflusst wie die Gesundheit der Bewohner.

Neben Weiblichkeit und Fruchtbarkeit steht der Norden auch für die Materie an sich, den Körper, die finanzielle Entwicklung und den Mond. All diese Aspekte und Lebensbereiche können gestört sein, wenn der Norden geschlossen, zu schwer gestaltet, fensterlos, von hohen Bäumen blockiert oder mit Möbeln und unnützen Dingen belastet ist.

Nordosten – Zeugung und Kinder

Das ungestörte und harmonische Zusammenfließen der männlichen Energie des Ostens und der weiblichen Energie des Nordens findet vor allem im Nordosten statt. Daher ist es wichtig, den Nordosten offen, leicht, sauber und hochwertig zu gestalten, sodass diese Energien ungestört zusammenfließen können. Der Nordosten wird aus diesem Grund als das Tor der Energien zum Wohnraum oder Grundstück betrachtet und ist die wichtigste aller Himmelsrichtungen. Können sich männliche und weibliche Energien nicht ungestört vereinen, was auf einen zu schwer oder unsauber gestalteten Nordosten zurückgeführt werden kann, mag es in den Beziehungen im Haus immer wieder zu Ungleichgewichten und Störungen kommen – vielleicht weil extrem männliche und extrem weibliche Verhaltensweisen aufeinanderprallen und sich einfach nicht verstehen. In diesem Fall ist es notwendig, den Nordosten zu reinigen, zu öffnen und von schweren Dingen zu befreien.

Wie Norden und Osten sollte auch der Nordosten möglichst anspruchsvoll genutzt werden. Ideal ist diese Himmelsrichtung für einen Meditationsraum oder auch für ein ruhiges Arbeitszimmer, ein Büro, ein Wohn- oder Lesezimmer. Zum Schlafen eignet sich der Nordosten nicht, ebenso wenig wie für eine Küche, einen Abstell-, einen Hauswirtschaftsraum oder für einen Raum für technische Installationen.

Da der Nordosten für das Zusammenfließen der weiblichen Energien und der männlichen Kraft steht, ist er eng mit der Zeugung von Kindern und deren Entwicklung verbunden. Wenn in einem Haus der Nordosten blockiert oder energetisch belastet ist, ist es sehr schwierig, hier schwanger zu werden. Sowohl die Fruchtbarkeit der Frau als auch die Potenz des Mannes werden in Mitleidenschaft gezogen und die Geburt von Kindern kann schwer sein. Wie der Norden vom Planeten Merkur und der Osten von der Sonne beherrscht wird, so ist dem Nordosten Jupiter zugeordnet, der die Entwicklung und das Heranwachsen von Kindern fördert. Dies kann auch im übertragenen Sinne verstanden werden: Kinder sind ein sichtbares Ergebnis der Beziehung zwischen Mann und Frau, doch andere kreative oder schöpferische Dinge können ebenfalls aus einer solchen Beziehung heraus entstehen. Und so gilt: Je offener und freier der Nordosten in einem Haus ist, desto fruchtbarer, schöpferischer und kreativer kann eine Beziehung sein. Wird die Qualität des Nordostens, das heißt des Zusammenfließens männlicher und weiblicher Energien verbessert, so erweitert sich das Spektrum der schöpferischen Zukunftsmöglichkeiten einer Beziehung.

Osten – Spiritualität und männliche Kraft

Damit eine Beziehung ausgewogen und harmonisch sein kann, muss der weiblichen Kraft eine ebenso starke männliche Kraft entgegenstehen. In der Verbindung dieser beiden harmonischen Kräfte entsteht eine neue kreative und schöpferische Qualität. Wie aus dem Norden der Energiestrom weiblicher Qualität kommt, besitzen Energien, die aus dem Osten in das Gebäude hineinfließen, männliche Qualität. Es ist die Energie der Sonne, die den Vater oder, allgemeiner gesprochen, den Mann repräsentiert. Ist der Norden mit dem Körper und der Fruchtbarkeit verwoben, so spiegeln sich im Osten die Seele und die Potenz. Eine Blockade des Ostens – das heißt, wenn die aus dem Osten einfließenden Energien keinen freien Zugang zum Wohnraum finden – führt dazu, dass die männliche Energie geschwächt ist. Darunter haben nicht nur Männer zu leiden, sondern auch Frauen, da jeder einen Anteil männlicher *und* weiblicher Energie in sich trägt und miteinander verbindet. (Frauen müssen hierbei ihren männlichen Aspekt integrieren und Männer ihren weiblichen.)

Wie der Norden sollte der Osten daher möglichst große Fenster haben und möglichst leicht, rein und ordentlich gestaltet sein, im Osten sollten keine hohen Bäume wachsen und er sollte nicht mit schweren Gewichten belastet sein. Die ideale Wohnsituation ist gegeben, wenn sowohl die Energien des Nordens als auch die des Ostens gleichermaßen Zugang zum Wohnraum finden und sich dort auf harmonische Art und Weise miteinander verbinden können. Grundvoraussetzung für eine harmonische Beziehung ist natürlich, dass die Energien im Haus frei fließen können.

Ist der Osten jedoch nicht diesen Prinzipien entsprechend gestaltet, mögen die Spiritualität, die Beziehung zum Vater und die männliche Kraft im Allgemeinen leiden. Das ist der Fall, wenn der Osten fensterlos, mit schweren Gewichten oder Möbelstücken belastet ist, wenn dort hohe Bäume stehen oder Möbel oder Unrat gelagert werden. Ein Badezimmer, ein Meditations-, Arbeits- oder Therapieraum, ein Kinderzimmer oder ein schön eingerichteter großzügiger Eingangsbereich hingegen fördern die männliche Energie des Ostens optimal. Ein einladender Eingang im Osten erfüllt den Wohnraum ebenfalls mit guten Energien des Ostens. Ein Abstellraum, eine Toilette oder ein Schlafzimmer belasten diese Himmelsrichtung. Hierunter haben wiederum die männlichen Energien im Haus zu leiden.

Südosten – Sexualität und Lebenslust

Südosten und Nordwesten sind die beiden dynamischen Himmelsrichtungen. Die im Norden und Osten einströmenden weiblichen und männlichen Energien verbinden sich im Nordosten zu einem Energiestrom, der über Nordwesten und Südosten in Richtung Südwesten fließt. Von Nordwesten in Richtung Südosten ändert die Polarität des Energiefeldes ihr Vorzeichen. Während die nordöstliche Hälfte des Raums ein positives energetisches Potenzial besitzt, hat die südwestliche Hälfte ein negatives. Auf der Nordwest-Südost-Diagonale grenzen diese beiden Bereiche aneinander. Fließt der Hauptenergiestrom durch diese Diagonale vom Nordosten in Richtung Südwesten, dann wird sowohl im Nordwesten als auch im Südosten dynamische Energie freigesetzt.

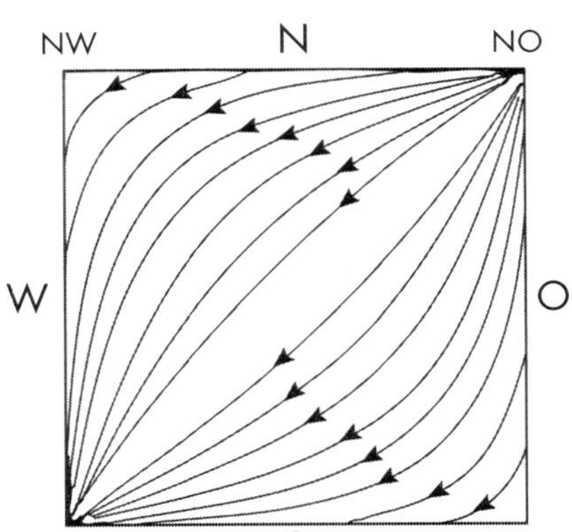

Abbildung 2

Diese Energie kommt im Nordwesten in Form von Bewegung zum Ausdruck, im Südosten dagegen als Wärme oder Feuer. Der Südosten ist daher dem Element Feuer zugeordnet und wird von dem Planeten Venus beherrscht. Er steht für Sexualität und Lebenslust, aber auch für die Ausstrahlung des Energiefeldes im ganzen Haus. Es ist also nicht nur die physische Wärme, das Element Feuer, das von den Eigenschaften des Wohnraums im Südosten beeinflusst wird, sondern auch das innere Feuer – die Lebensenergie, die Sinne und Begierden. Den Südosten im Wohnraum zu stärken bedeutet, die Lebensgeister anzuregen. Das geschieht vor allem, indem man dort Dingen Platz schenkt, die mit dem Element Feuer in Verbindung gebracht werden, beispielsweise ein offener Kamin oder Kerzen, aber auch „feurige" Pflanzen mit spitzen Blättern und roten Blüten, rote Farben und elektrische Geräte.

Am besten ist die Küche im Südosten des Hauses aufgehoben, wo einerseits die feurige Energie dieser Richtung beim Energetisieren der Nahrung gut umgesetzt und andererseits das Energiefeld des ganzen Hauses durch das Feuer des Kochens gestärkt werden kann. Zu viel Elektrosmog im Südosten kann sich schwächend auf die Qualität des Energiefeldes auswirken. Um den venusischen Aspekt des Südostens zu stärken, kann man im Südosten etwa des Wohn- oder Schlafzimmers eine Ecke zum Wohlfühlen und Schmusen einrichten.

Süden: Dharma und Verantwortung

Durch das dem Nordosten zugeordnete Thema „Kinder" kommt die Verantwortung in der Partnerschaft ins Spiel. Wir tragen für alles, was wir in dieser Welt tun oder erschaffen, Verantwortung. Und das gilt ganz besonders für ein Lebewesen, dem wir die Möglichkeit geben, in diese Welt hineingeboren zu werden. Der Süden steht für die Verantwortung, was im Bereich „Beziehung und Partnerschaft" sowohl die Verantwortung gegenüber den Kindern als auch die Verantwortung meint, die die Partner füreinander übernehmen. Verantwortung ist das Wesen jeder tieferen Beziehung. Ohne Verantwortung zu übernehmen, kann aus einer Beziehung nichts entstehen, was dauerhaft von Wert ist. Und Kinder sind *ein* Ausdruck dieser Verantwortung, sie kann sich jedoch auch in anderen gemeinsamen Werten offenbaren. Verantwortung zeigt sich vor allem dann, wenn Schwierigkeiten oder Herausforderungen auftreten. Solche Hindernisse sind ebenfalls dem Süden zugeordnet, der uns allerdings gleichzeitig die Kraft schenkt, sie auch zu überwinden. Erst wenn wir uns mit Herausforderungen konfrontieren, bekommen wir die Chance, in unserem Leben zu wachsen und unsere eigenen Grenzen zu überschreiten. Erst wenn wir im Sinne einer Verantwortung füreinander und für alles, was aus einer Beziehung entsteht, handeln, kann die Partnerschaft wachsen und es können sich größere Tiefen erschließen.

Und so braucht der Süden Gewicht und Geschlossenheit, um diese Aufgabe unterstützen zu können. Obwohl es in unseren Breitengraden üblich ist, den Süden ganz zu öffnen, ist es aus energetischen Überlegungen heraus wichtig, ihm Substanz und Gewicht zu geben. Das muss nicht unbedingt geschehen, indem man dort geschlossene Wände baut, man kann Pflanzen in großen, mit Erde gefüllten Töpfen, schwere Steine oder andere Gegenstände verwenden, die für das Element Erde stehen. Der Süden eignet sich hervorragend zum Schlafen und ist der richtige Ort für körperliche oder handwerkliche Tätigkeiten. Auch als Esszimmer und Vorratskammer kann der Süden genutzt werden.

Südwesten – Ahnen, Eltern und ihr Einfluss

Der dem Nordosten auf der Diagonale gegenüberliegende Südwesten besitzt Eigenschaften, die denen des Nordostens diametral entgegengesetzt sind. Während die Eigenschaften des Nordostens eher in die Zukunft weisen, was beispielsweise gemeinsame Kinder meint, ist der Südwesten mit der Vergangenheit verbunden, also mit den Ahnen beziehungsweise den Eltern. Der Nordosten ist leicht, offen und dynamisch, der Südwesten schwer, geschlossen und statisch.

Ob die Vergangenheit abgeschlossen ist, spiegelt sich in der Geschlossenheit des Südwestens wider. Daher sollte diese Himmelsrichtung im Gegensatz zum Nordosten möglichst schwer, geschlossen und solide gestaltet sein. So besitzt das Energiefeld ein solides Fundament und bietet den hier lebenden Menschen Sicherheit und Schutz. Ihnen kommt damit die Unterstützung der Vergangenheit – der Eltern und Ahnen der Familie – zugute. Der Südwesten steht für alles, was Einfluss und Gewicht hat, also auch für Lehrer. Im Allgemeinen braucht ein Mensch Unterstützung von Eltern, Großeltern, Lehrern ..., um in seinem Leben erfolgreich zu sein.

Aber auch der Tod und andere bedrohliche Ereignisse, die im Leben eines jeden Menschen auftreten können, sind dem Südwesten zugeordnet. Ist das Energiefeld eines Gebäudes im Südwesten stark gestört, so mag das auch die Existenz der Bewohner bedrohen. Ein Defekt im Nordosten kann beispielsweise auf eine erhöhte Neigung zu Tumorerkrankungen hinweisen, wobei ein zusätzlicher Hinweis auf die Bösartigkeit einer solchen Krankheit gegeben ist, wenn auch der Südwesten energetische Defizite aufweist. Die Kombination von Defiziten im Südwesten mit Defiziten in anderen Himmelsrichtungen zeigt stets eine Verstärkung der jeweiligen Konsequenzen an.

In einer Beziehung zwischen zwei Menschen, in einer Partnerschaft steht der Südwesten für die Anbindung an die Familientradition beider Partner. Ein energetisch gestörter Südwesten weist darauf hin, dass das Paar durch diese Anbindung wenig Unterstützung oder sogar Hindernisse und Schwierigkeiten erfährt. Hier stellt der westliche Südwesten einen sehr empfindlichen Bereich dar, der mit dem 8. Haus in der Astrologie in Verbindung steht, dem unter anderem auch der Tod zugeordnet wird. Daher sollten energetische Defizite wie Gewässer, Badewannen, Brunnen und Ähnliches im westlichen Südwesten unbedingt vermieden werden.

Wie der Nordosten hat auch der Südwesten mit der Zeugung von Kindern zu tun. Um schwanger zu werden, ist ein offener und energetisch vorteilhaft gestalteter Nordosten von großer Bedeutung. Der Nordosten selbst ist jedoch für die Sexualität kein geeigneter Ort, hierfür eignet sich der Südwesten ideal. Daher sollte das Schlafzimmer eines Paares im Südwesten liegen, falls dies mit den individuellen Qualitäten der Himmelsrichtungen der beiden Partner übereinstimmt (siehe im Anhang unter „Die individuelle Qualität der Himmelsrichtungen“, Seite 151 ff.).

Im Allgemeinen ist es nicht anzuraten, Bilder von Verstorbenen im Wohnraum aufzustellen oder aufzubewahren; der Südwesten stellt hier allerdings eine Ausnahme dar. Bilder der eigenen Vorfahren – etwa der Eltern oder Großeltern – sollten im südwestlichen Raum des Gebäudes und dort möglichst in der südwestlichen Ecke Platz finden. Auf keinen Fall sollten solche Bilder in dem der Geburt zugeordneten Norden oder in dem der Zeugung zugeordneten Nordosten stehen. Hier würden sie den Fluss der Lebensenergie blockieren, während sie ihn im Südwesten unterstützen. Für eine Familie ist die Anbindung, das heißt die Unterstützung durch die Familie und deren Tradition ebenso wichtig wie das ungestörte Fließen der Lebensenergie in die Zukunft, die in der Zeugung der Kinder und deren Geburt zum Ausdruck kommen kann. Je mehr die Vasati-Eigenschaften des Gebäudes auf der Südwest-Nordost-Diagonale ausgeprägt sind, desto größer ist die Unterstützung, die die Bewohner des Hauses durch ihre karmischen Familienbeziehungen finden.

Westen – Liebesbeziehung und Ehe

In der Astrologie ist der Westen dem 7. Haus zugeordnet, das für Partnerschaft, Liebesbeziehungen und die Ehe steht. Die Ehe symbolisiert die Stabilität und Verlässlichkeit der Beziehung zwischen Mann und Frau und die Verantwortung, die die beiden Partner füreinander und für ihre Kinder übernehmen. Während die Emotionen eines Menschen ständigen Schwankungen unterworfen sind, bedarf das Aufziehen der Kinder stabiler Familienverhältnisse und einer von Verantwortung, Respekt und Liebe getragenen Partnerschaft der Eltern. Die spirituelle Reife des Menschen wird ebenfalls unterstützt, wenn Menschen in einer Beziehung Verantwortung füreinander übernehmen. Ein energetisch starker Westen schenkt in der Beziehung, insbesondere in der Ehe, Stabilität und Harmonie.

Der Westen ist unter den acht Himmelsrichtungen die vielseitigste. Mit Ausnahme der Küche gibt es keine Raumfunktion, die dort nicht gut aufgehoben wäre. Er eignet sich sehr gut für ein Kinderzimmer, aber auch kreative Raumfunktionen wie ein Atelier, ein Konferenzraum oder ein Arbeitszimmer finden durch die Energien des nach Harmonie und Abschluss strebenden Westens Unterstützung.

Der Westen sollte allerdings nicht zu offen gestaltet werden, da sonst Schwierigkeiten in den Beziehungen der Bewohner, insbesondere in der Ehe, auftreten können. Untersuchungen haben gezeigt, dass in Häusern, deren Haupteingang im Westen liegt, mehr Ehen geschieden werden als in solchen, deren Haupteingang im Norden oder Osten liegt. Ein Eingang im Westen eines Gebäudes fördert zwar die Beziehungen der Menschen im Haus beziehungsweise in der Wohnung nach außen, also auch deren Popularität, wirkt sich jedoch negativ auf die Stabilität der Beziehungen im Inneren aus. Häuser mit Eingang im Westen eignen sich besser für geschäftliche Zwecke, für Marketing- oder Parteibüros beziehungsweise Hotels oder Gästehäuser.

Energetische Defizite im Westen eines Gebäudes weisen in den meisten Fällen darauf hin, dass der diese Himmelsrichtung beherrschende Planet Saturn in den Beziehungen der Menschen für Probleme sorgt, was in vielen Fällen zu Trennung und sogar Scheidung führen kann. Im Westen sind auch Wasser und damit sanitäre Einrichtungen gut aufgehoben.

Nordwesten – Beziehungen, Gefühle, Kommunikation und Veränderungen

Dem Südosten gegenüber liegt der Nordwesten, der dem äußeren Prinzip der Bewegung und dem Element Luft entspricht. Im Nordwesten besitzt der Fluss der Lebensenergie die größte Dynamik. Und

Beziehungen sind letztendlich ein Austausch von Lebensenergie zwischen zwei Menschen. Die Qualität einer Beziehung wird als positiv empfunden, wenn diese Lebensenergie ohne Blockaden fließen kann, während ein blockierter Fluss dazu führt, dass die Beziehung emotional leidet. In einer idealen Beziehung gibt jeder Partner dem anderen Lebensenergie, das heißt, beide tauschen ihre Energien in einem ausgeglichenen Maße aus. Viele Beziehungen scheitern daran, dass einer der beiden Partner unter einem enormen Mangel an Lebensenergie leidet und versucht, die fehlende Energie vom anderen zu bekommen, was dazu führt, dass letzterer sich ausgenutzt fühlt. In einer harmonischen Beziehung ist der „Lebensenergie-Haushalt" beider Partner ausgeglichen und somit ist jeder in der Lage, dem anderen Energie zu geben, wenn dieser sie braucht. Einseitig Lebensenergie geben kann man meist nur für kurze Zeit, etwa wenn es einem der beiden Partner gerade mal schlechter geht.

Damit zwischen den Partnern ein harmonischer Austausch der Lebensenergie stattfinden kann, ist es wichtig, den Nordwesten der Wohnung und der einzelnen Räume zu stärken. Diese Bereiche sollten nicht zu schwer gestaltet, mit beweglichen Gegenständen ausgestattet und ausreichend gelüftet werden.

Treten in einem Gebäude jedoch schwerwiegende energetische Mängel im Nordwesten auf – weil dieser vollständig geschlossen, mit allerlei Gerümpel verstellt oder völlig unbeweglich ist –, so mag das dazu führen, dass die Beziehungen der Menschen in diesem Gebäude eben diese Eigenschaften annehmen. Wie bereits erwähnt, hängen die Eigenschaften des Nordwestens eng mit denen des Südostens zusammen. Dem Nordwesten ist der Mond und dem Südosten ist Venus zugeordnet, und so sind beide Himmelsrichtungen mit den Gefühlen der Bewohner verbunden.

Da es in einer Partnerschaft vor allem um den Austausch von Gefühlen geht, ist die Nordwest-Südost-Diagonale hier von großer Bedeutung. Die Energien dieser beiden Himmelsrichtungen sollten in einem ausgeglichenen Verhältnis stehen, um eine harmonische Kommunikation und ebensolche Gefühle zu unterstützen. Ist einer dieser beiden Bereiche energetisch gestört oder sind es sogar beide, dann kann es in den Beziehungen zu Kommunikations- und emotionalen Störungen kommen. Das Gleiche ist zu erwarten, wenn zwischen beiden Richtungen ein starkes Ungleichgewicht herrscht. Das ist beispielsweise der Fall, wenn der Nordwesten sehr viel größer ist als der Südosten oder umgekehrt. Fehlbereiche sind hier ebenso problematisch wie räumliche Erweiterungen.

Eine Beziehung ist ständiger Veränderungen unterworfen. Konfrontiert man sich mit dem anderen Menschen, dann hat man die Möglichkeit, zu wachsen, die eigene Persönlichkeit zu entwickeln, Schwächen zu erkennen und an ihnen zu arbeiten. All diese Dinge sind jedoch nur dann möglich, wenn man bereit ist, sich zu verändern beziehungsweise zu transformieren. Ohne diese Bereitschaft können sich die Partner in einer Beziehung nicht aufeinander zubewegen, was zu Erstarrung, Langeweile und einer ständigen Entfremdung führen kann. Ein beweglicher, offener Nordwesten steht für die Beweglichkeit in der Beziehung der Hausbewohner.

Durch die enge Beziehung des Nordwestens zum Südosten ist das Element Feuer im Nordwesten gut aufgehoben. Das bedeutet, dass eine Küche hier Gutes bewirkt und dafür sorgt, dass die Beziehungen immer genug Energie und Feuer haben. Gleichzeitig ist der Nordwesten ausgezeichnet für ein Gästezimmer geeignet. Das Energiefeld des Hauses kann die Bewegung und die Unruhe, die Gäste mitbringen, hier am besten integrieren und sogar als positiven Impuls nutzen.

Weibliche und männliche Energie im Haus

Die Energien aus Norden und Osten

Ein Gebäude wird wie der menschliche Körper von einem Energiefeld durchdrungen, das alle energetischen Funktionen in seinem Inneren beeinflusst. In manchen Räumen fühlt man sich einfach wohl, während andere Räume einem energetisch regelrecht auszusaugen scheinen. Hierfür ist das Energiefeld des Wohnraums verantwortlich, das durch zwei Energieströme gespeist wird, die überall auf der Erde von Norden nach Süden und von Osten nach Westen fließen.

Der Energiestrom aus dem Norden fließt entlang den magnetischen Feldlinien und hat seinen Ursprung in der belebten Natur selbst. Seine Qualität ist von Natur aus weiblich, das heißt nährend, beschützend und heilend wie eine Mutter und besitzt einen eher kühlen und passiven Charakter, während die Energie, die aus dem Osten kommt, aktiv und erhitzend wirkt. Dieser Energiestrom ist auf die Drehung der Erde um die eigene Achse zurückzuführen und entspricht damit dem Weg, den die Sonne für uns jeden Tag scheinbar von Osten in Richtung Westen nimmt. Seine Qualität ist männlich und entspricht der des Vaters; sie inspiriert, vitalisiert, gibt Kraft und aktiviert.

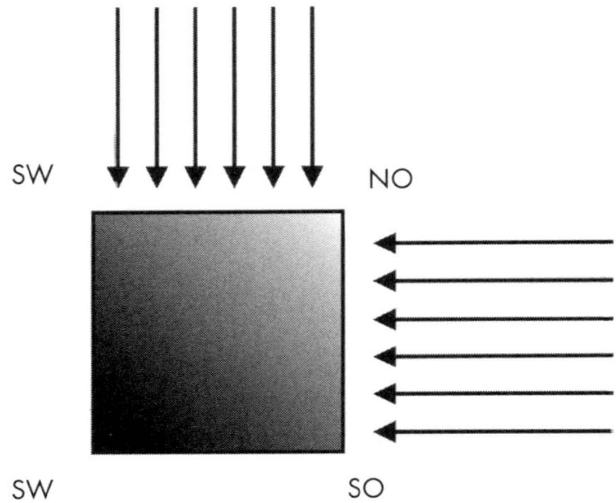

Abbildung 3

Im Nordosten fließen diese beiden Ströme zusammen, sodass daraus die eine Lebensenergie entsteht, in der sowohl die weibliche als auch die männliche Komponente gleichermaßen vertreten ist und eine dynamische Einheit bildet. Wird dieses Gleichgewicht zwischen weiblichen und männlichen Energieanteilen gestört, so wirkt sich das negativ auf viele Aspekte des Lebens der Menschen aus. Je nachdem, welche der beiden Energien geschwächt ist, können gesundheitliche Störungen, Energie- oder Motivationsmangel auftreten, genauer gesagt führt

- *geschwächte Lebensenergie aus dem Osten* zu:
  Motivationsmangel, geschwächter Vitalität, Passivität, fehlender Inspiration, Schwäche der Männer im Haus, Hindernissen in der Entwicklung der Kinder, schulischen Problemen usw. und

- *geschwächte Lebensenergie aus dem Norden* zu:
  einem geschwächten Immunsystem, fehlender Geborgenheit, Hyperaktivität, Streit, Schwäche der Frauen im Haus, emotionalen Störungen usw.

Die Beziehungen sind ebenfalls von einer ausreichenden und ausgewogenen Versorgung mit diesen beiden Energieströmen abhängig. Im Idealfall ist der Wohnraum im rechten Maß und ausgewogen sowohl mit männlicher als auch mit weiblicher Energie versorgt. Kommt es zu einem Ungleichgewicht dieser beiden Energieströme, so spiegelt sich das möglicherweise in den Problemen wider, die die Bewohner miteinander haben.
Die folgenden Eigenschaften des Wohnraums schwächen die weibliche Energie:

- wenig Platz im Norden des Grundstücks
- Anstieg des Grundstücks in Richtung Norden
- hohe Bäume im Norden
- Mauer im Norden des Grundstücks
- Garage oder andere Nebengebäude blockieren den Norden
- Abfall und Gerümpel im Norden
- keine oder wenig Fenster auf der Nordseite des Gebäudes
- Schränke oder schwere Möbel an den Nordwänden des Hauses
- Abstellraum im Norden des Hauses
- ungenutzte Räume im Norden
- Küche im Norden

Treffen eine oder mehrere der aufgeführten Eigenschaften zu, so werden sich die Frauen wahrscheinlich geschwächt fühlen. Die Mutter kann es schwer haben, ihre Rolle auszufüllen, ihren Kindern die notwendige mütterliche Fürsorge und Liebe zukommen zu lassen. Oder sie hat einfach nicht genug Energie, um ihren Aufgaben gerecht zu werden.

In der Partnerschaft oder Ehe kann es durch ein solches Ungleichgewicht ebenfalls zu Schwierigkeiten kommen. Ist die männliche Energie vorherrschend, weil die weibliche geschwächt ist, so büßt die Partnerin oder Ehefrau in der Beziehung vielleicht ständig an Kraft und Energie ein. Sie fühlt sich ausgenutzt oder empfindet ihren Partner als dominant.

Auch in der Sexualität kann es durch die räumlich bedingte Unterlegenheit der weiblichen Energie zu Störungen kommen. Der Mann mag seiner Partnerin als zu fordernd erscheinen und sie kann oder will seine starken leidenschaftlichen Wünsche nicht zufriedenstellen. Insgesamt mag hier der körperliche sexuelle Aspekt in der Beziehung zu sehr in den Vordergrund treten, während der emotionale Bereich zu wenig Raum oder Beachtung findet. Der Norden steht sowohl für Gefühle als auch für Kommunikation. Daher gibt es neben emotionalen Engpässen möglicherweise auch Kommunikationsstörungen.

Während Männer die Liebe ihrer Partnerin vor allem in den körperlichen Aspekten der Sexualität erfahren, brauchen Frauen emotionale Bestätigung, Sicherheit und verständnisvolle Gespräche mit ihrem Partner. Sie wollen, dass der Partner ihnen interessiert und verständnisvoll zuhört. Beides mag durch eine Beeinträchtigung des Nordens leiden. Häufig versuchen die Partner diesen Mangel durch eine starke Betonung der Sexualität auszugleichen, doch auf diese Weise wird das Ungleichgewicht nur umso deutlicher. Hier sollte der Mann darauf achten, auf die emotionalen Bedürfnisse seiner Partnerin einzugehen und sein Interesse für ihre Gedanken, Gefühle und Erfahrungen zu zeigen. So können Sie die bestehenden Defekte ausgleichen:

- Befreien Sie die Wände, die in den Räumen und im Haus gen Norden liegen, von schweren und großen Möbelstücken.
- Stellen Sie frische grüne Pflanzen vor allem im nördlichen Teil des Gebäudes und der Räume auf, falls die Lichtverhältnisse das zulassen.
- Beleben Sie den Norden der Wohnung, des Hauses und der Räume durch frisches Wasser oder einen Zimmerbrunnen
- Hängen Sie an den nördlichen Wänden der Räume, der Wohnung beziehungsweise des Hauses Spiegel auf.

- Legen Sie im nördlichen Teil des Grundstücks einen Teich an oder bohren Sie dort einen Brunnen.
- Schaffen Sie wenn möglich im Norden des Hauses zusätzliche Fenster.
- Beleben Sie den Norden des Hauses, der Wohnung beziehungsweise der Räume durch grüne Farbtöne.
- Hängen Sie im Norden Bilder mit grünen Landschaften auf, auf denen viel Wasser zu sehen ist. So schaffen Sie ein virtuelles Fenster in die Natur.

Die folgenden Eigenschaften des Wohnraums schwächen die männliche Energie:

- wenig Platz im Osten des Grundstücks
- Anstieg des Grundstücks in Richtung Osten
- hohe Bäume im Osten
- Mauer im Osten des Grundstücks
- Garage oder andere Nebengebäude blockieren den Osten
- Abfall und Gerümpel im Osten
- keine oder wenig Fenster auf der Ostseite des Gebäudes
- Schränke oder schwere Möbel an den Wänden, die im Haus gen Osten liegen
- Abstellraum im Osten
- ungenutzte Räume im Osten

Hierdurch kommt es wahrscheinlich vor allem für die Männer zu Problemen. Dem Vater kann es schwerfallen, seine Autorität zu entfalten, in seiner Karriere oder beruflichen Entwicklung kann es ebenfalls Hindernisse geben. Bei der Entwicklung der Kinder, insbesondere der männlichen, können Blockaden auftauchen, vor allem im schulischen Bereich.

In der Partnerschaft oder Ehe dominiert möglicherweise das weibliche Prinzip, sodass der Mann das Gefühl haben mag, von der Frau kontrolliert zu werden, nicht genügend Freiheit zu haben. Er mag sich kraftlos fühlen und nach Abenteuer, Freiheit und Selbstentfaltung streben.

Seine Partnerin nimmt ihn vielleicht als passiv und zu wenig männlich wahr und spornt ihn zu mehr Aktivität und Leidenschaft an. Der sexuelle Aspekt der Beziehung leidet unter dem Mangel an männlicher Energie ebenfalls. Leidenschaft, Lust und Vitalität sind gedämpft, man fühlt sich unzufrieden und spürt, dass etwas fehlt. Die Gefühlsebene bekommt viel Nahrung, es fehlt ihr jedoch an aktivem Ausgleich und einer bewussten Reflexion und an Führung. So entstehen eventuell starke emotionale Blockaden. Wichtig ist es hier, aktiv zu werden und den Mangel an männlicher Lebensenergie auszugleichen, indem man sich Herausforderungen stellt, Pläne schmiedet, um Ziele zu erreichen, und möglichst viel Aktivität in sein Leben bringt, auch im körperlichen Bereich, indem man beispielsweise Sport treibt oder Yoga macht. So können Sie die beschriebenen Probleme auf der wohnlichen Ebene angehen:

- Befreien Sie die Wände der Räume und des Hauses, die gen Osten liegen, von schweren und großen Möbelstücken.
- Hängen Sie an den östlichen Wänden Naturbilder auf, auf denen viel Wasser oder ein Sonnenaufgang zu sehen ist.
- Beleben Sie den Osten des Hauses und der Räume durch frisches Wasser oder einen Zimmerbrunnen.
- Hängen Sie an den östlichen Wänden der Räume und des Hauses Spiegel auf.
- Legen Sie im östlichen Teil des Grundstücks einen Teich an oder bohren Sie dort einen Brunnen.
- Schaffen Sie im Osten des Gebäudes wenn möglich zusätzliche Fenster.
- Beleben Sie den Osten des Hauses, der Wohnung beziehungsweise der Räume durch Sonnenfarben wie Orange oder Rubinrot.

Weibliche und männliche Achse

Den acht Himmelsrichtungen sind verschiedene Familienmitglieder zuzuordnen. Für Beziehungen, Liebe und Partnerschaft sind vor allem die Nordwest-Südost-Diagonale und die Südwest-Nordost-Diagonale von Bedeutung.

Nordwesten *Mutter, Frauen*	Norden *Mutter, Frauen, Töchter*	Nordosten *Vater, Kinder*
Westen *Söhne*		Osten *Vater, Söhne*
Südwesten *Vater, Mutter*	Süden *Frauen, Töchter*	Südosten *Frauen, Kinder*

Abbildung 4: Himmelsrichtung und Familienmitglieder

Die weibliche Achse: Nordwesten – Südosten

Der Nordwesten stellt unter den Himmelsrichtungen die Beziehungsecke dar und weist auf die allgemeine Qualität der Beziehungen und der Kommunikation zwischen den Menschen hin. Der Südosten steht unter anderem für Sexualität und Leidenschaft, zwei wichtige Aspekte von Liebe und Partnerschaft. Störungen auf der Nordwest-Südost-Achse spiegeln sich daher häufig in gestörten Beziehungen unter den Hausbewohnern wider, vor allem im sexuellen Bereich. Unter den Folgen einer gestörten Nordwest-Südost-Achse leiden vor allem die Frauen im Haus, da diese beiden Himmelsrichtungen mit Frauen und Töchtern zu tun haben. Streit, Missverständnisse und Betrug sind die häufige Folge solcher Defekte.

Defekte auf der Nordwest-Südost-Achse können folgende Auswirkungen in Beziehungen und Partnerschaften haben:

- *Erweiterung im Nordwesten:* sehr viel Bewegung und Störungen in Beziehungen; mangelnde Stabilität und mangelndes Vertrauen in Beziehungen und in der Partnerschaft
- *Fehlbereich im Nordwesten:* mangelnde Flexibilität, mangelndes Vertrauen in Beziehungen; fehlende Offenheit und blockierte Kommunikation zwischen den Partnern
- *Erweiterung im Südosten:* Streit, Missverständnisse und Betrug in Beziehungen und in der Partnerschaft; sexuelle Spannungen, übermäßige Leidenschaft
- *Fehlbereich im Südosten:* fehlende Leidenschaft, schwache sexuelle Anziehung zwischen den Partnern, Verzögerungen, mangelnde Harmonie und Klarheit in den Beziehungen
- *Wasser wie Aquarium, Badewanne, Teich oder Ähnliches im Südosten:* Spannungen in der Sexualität, Streit, Betrug
- *Nordwesten sehr schwer, geschlossen und ohne Fenster:* mangelnde Flexibilität, mangelndes Vertrauen in Beziehungen; fehlende Offenheit und blockierte Kommunikation zwischen den Partnern
- *Toilette genau im Nordwesten:* Gewalt und Unterdrückung in Beziehungen möglich; Kommunikation erschwert, psychische Störungen
- *Haupteingang im Nordwesten:* aus Beziehungen und Partnerschaften entsteht Feindschaft; Beziehungen innerhalb der Familie extrem belastet
- *Haupteingang im Südosten:* Diebstahl, Betrug, Streit und Spannungen in Beziehungen
- *Südosten ganz geschlossen:* Verzögerungen, fehlende Anziehung in Beziehungen, Trennung droht, emotionale Kälte in Beziehungen

- *Schlafzimmer im Nordwesten:* unruhiger Schlaf, schlechte Träume, emotionale Störungen
- *Schlafzimmer im Südosten:* zu viel Leidenschaft, Sexualität beherrscht die Beziehung

Die männliche Achse: Nordosten – Südwesten

Wie die Nordwest-Südost-Achse den weiblichen Bewohnern zugeordnet ist, stehen Nordosten und Südwesten mit den männlichen Hausbewohnern in Verbindung. Der Nordosten steht sowohl für den Vater und die Nachkommen als auch für die Zukunft. Stellt man sich das Energiefeld des Raums als Person vor, so wäre der Nordosten dem Kopf und dem Bewusstsein zugeordnet. Der Nordwesten symbolisiert die älteren Bewohner, insbesondere den Vater und die Eltern im Allgemeinen. Während die Nordwest-Südost-Diagonale als *dynamische Achse* im Raum zu betrachten ist, kann die Nordost-Südwest-Diagonale als *statische Achse* des Energiefeldes bezeichnet werden. Energetische Störungen des Wohnraums beeinflussen hier vor allem den Vater beziehungsweise die Eltern negativ, können jedoch auch die Nachkommen betreffen.

Ungewollte Kinderlosigkeit hängt häufig mit einer Blockade im Nordosten zusammen, die die Entwicklung von Kindern und die spirituelle Entwicklung aller im Haus Lebenden beeinflusst. Die Ursache mag darin liegen, dass der Nordosten zu schwer, geschlossen oder fensterlos ist.

Während der Nordosten leicht, offen und tief sein sollte, ist der Südwesten schwer, geschlossen und hoch zu gestalten. Es sollte also eine deutliche Polarität zwischen Südwesten und Nordosten herrschen, um die Zukunftsperspektiven nicht durch Altlasten aus der Vergangenheit zu blockieren.

Der Südwesten symbolisiert die Vergangenheit und den Einfluss, den diese auf die Gegenwart ausübt, der Nordosten die Zukunft der Hausbewohner. Stehen diese beiden Richtungen nicht in einem harmonischen Verhältnis, so mag die Zukunft der Beziehungen unter den Hausbewohnern blockiert sein. Solche Blockaden können die unterschiedlichsten Folgen haben:

- *Nordosten vollständig geschlossen:* ungewollte Kinderlosigkeit, Schwierigkeiten in der Schwangerschaft und bei der Entbindung; Probleme in der Entwicklung der Kinder; Vater ist Schwierigkeiten ausgesetzt; spirituelle Perspektive blockiert
- *Toilette im Nordosten:* Schwierigkeiten in der Entwicklung der Kinder; Verhältnis der Kinder zu den Eltern gestört; gesundheitliche Gefährdung
- *Abstellraum im Nordosten:* ungewollte Kinderlosigkeit; Schwierigkeiten während der Schwangerschaft und bei der Entbindung; Probleme in der Entwicklung der Kinder; Vater ist Schwierigkeiten ausgesetzt; spirituelle Perspektive blockiert
- *Im Nordosten des Grundstücks weniger Platz als im Südwesten:* die Vergangenheit beeinflusst die Zukunft immer wieder negativ; wenig Unterstützung durch die Herkunftsfamilie
- *Südwesten sehr offen und leicht:* fehlende Stabilität in Beziehungen; mangelnde Autorität der Eltern, wenig Unterstützung durch die Herkunftsfamilie, Schwäche des Vaters, geringe Zeugungskraft
- *Wasser im Südwesten:* emotionale Probleme; Schwäche des Vaters, gesundheitliche Gefährdung
- *Elternschlafzimmer im Nordosten:* nicht geeignet, um Kinder zu zeugen
- *Eingang im Südwesten:* ungewollte Kinderlosigkeit; Gefährdung für Vater und Kinder
- *Küche im Nordosten:* emotionale und psychische Probleme für die Frauen
- *Küche im Südwesten:* schlechte Verdauung, Streit in Beziehungen und in der Partnerschaft, gesundheitliche Schwächen

Wie die männlichen und weiblichen Energien im Haus sollten auch die männliche und weibliche Achse in einem harmonischen Verhältnis zueinander stehen. Ist eine dieser Achsen länger oder besitzt sie günstigere energetische Eigenschaften als die andere, so ist dieses Gleichgewicht gestört und damit auch das für Beziehungen notwendige Gleichgewicht zwischen den männlichen und weiblichen Kräften und Personen.

Der Herzpunkt des Raums

Eine wichtige Rolle für die energetischen Gegebenheiten spielt auch das Zentrum des Raums, der Wohnung beziehungsweise des Hauses, in dem sich die beiden Hauptachsen schneiden. Man kann diesen Punkt auch als „Herzpunkt" des Raums bezeichnen, da die Energien von dort aus im ganzen Gebäude verteilt werden, was mit dem Herzen vergleichbar ist, das das Blut durch den ganzen Körper pumpt.

Im Zentrum findet die Kommunikation zwischen Oben und Unten statt. Daher liegt in traditionellen Bauten, wie zum Beispiel in den alten römischen und griechischen Villen, im Zentrum häufig ein offener Bereich, der von allen Stockwerken aus als Lichthof oder als Atrium eingesehen werden kann. Wichtig ist, dass das Zentrum offen, leicht und hell und begehbar ist. Im Herzpunkt des Raums konzentrieren sich die positiven Energien des ganzen Gebäudes und man kann sich dort mit den positiven Energien verbinden. Ist der Herzpunkt offen und frei, dann können die Energien zwischen Nordosten und Südwesten ungehindert fließen. Die Mitte des Hauses spielt also eine wichtige Rolle bei der energetischen Gesamtbeurteilung.

Für die Beziehungen der Bewohner untereinander ist die Qualität des Herzpunktes natürlich ebenfalls wichtig. Beziehungen sind darauf angewiesen, dass die Energien im Raum frei fließen können. Ist dies nicht gewährleistet, können sich in den Beziehungen der Menschen, etwa in Partnerschaft und Ehe, die gegensätzlichen Energien nicht ausgleichen. Es kommt zu Spannungen und Konflikten, die sich eventuell explosionsartig entladen. Hier ist es besonders wichtig, Gegensätze und Konflikte offen anzusprechen, damit sie sich lösen können. Man sollte besonders darauf achten, dass die beiden Diagonalen positive energetische Eigenschaften aufweisen; auf diese Weise können sie die Blockade des Herzpunktes ausgleichen. Wie man das macht, wurde bereits in den letzten Abschnitten beschrieben.

Der Haupteingang des Hauses

Die Vorderseite des Gebäudes, auf der sich der Haupteingang und Fenster befinden, wird auch als „Gesicht" des Hauses bezeichnet. Der Haupteingang entspricht dem Mund und die Fenster auf seiner linken und rechten Seite stehen für die Augen. Der Haupteingang des Hauses oder der Wohnung spielt für die energetische Bewertung der Räume eine große Rolle, da er das primäre Tor darstellt, durch das die Energien in das Gebäude eintreten. Die Qualität der Beziehungen der Bewohner hängt unter anderem davon ab, in welcher Himmelsrichtung der Haupteingang liegt.

Haupteingang im Osten

Prinzipiell ist ein Eingang im Osten allen anderen Himmelsrichtungen vorzuziehen, da er hier in der Richtung der aufgehenden Morgensonne liegt, deren Energie für die hier lebenden Menschen so lebenswichtig ist wie Vitamin C. Da der Osten jedoch eine männliche Richtung ist, stärkt ein Haupteingang im Osten die Dominanz der männlichen Energien leicht. Das sollte durch eine entsprechende Betonung positiver energetischer Eigenschaften im Norden ausgeglichen werden. Besitzt der Norden ausreichend Fenster und am besten sogar einen Nebeneingang, ist ein solches Gebäude optimal mit weiblichen und männlichen Energien versorgt und bietet Partnerschaft und Ehe das optimale energetische Umfeld.

Haupteingang im Norden

Ein Haupteingang im Norden steht einem solchen im Osten jedoch nur wenig nach. Er versorgt das Haus mit den lebenswichtigen weiblichen Energien dieser Himmelsrichtung, sodass eine leichte Dominanz der weiblichen, organischen Lebensenergie entstehen kann. Daher sollte man auch in diesem Fall darauf achten, dass der Osten ausreichend männliche Lebensenergie in das Gebäude einlädt, indem man diesen ebenfalls durch Fenster und am besten sogar durch einen Nebeneingang aufwertet. Ein solches Haus eignet sich also hervorragend für die unterschiedlichsten Zwecke.

Haupteingang im Westen

Schwieriger verhält es sich mit Häusern, deren Haupteingang im Westen liegt. Dieser Himmelsrichtung wird die Beziehung der Bewohner zur Außenwelt beziehungsweise Öffentlichkeit zugeordnet und sie steht auch direkt mit Partnerschaft und Ehe in Verbindung. Ein Haus mit Eingang im Westen ist ideal für Gebäude, die eine große Öffentlichkeitswirkung erzielen wollen und für die gute Beziehungen zur Außenwelt äußerst wichtig sind, wie zum Beispiel für Seminarhäuser, Akademien, Parteibüros, Theater, Vereinshäuser und Gaststätten. Die positive Wirkung, was die Beziehung zum Außen anbelangt, mag sich jedoch für die Beziehungen der Menschen untereinander eher als problematisch erweisen. Der private Westen wird durch den Haupteingang zu stark geöffnet, sodass Partnerschaften und Ehen Gefahr laufen, auseinanderzugehen, geschieden zu werden. Lebt man hier in einer Partnerschaft oder Ehe, dann sollte man darauf achten, dass ein gesundes Gleichgewicht zwischen öffentlichen Beziehungen und Partnerschaft gewahrt bleibt, damit Letztere nicht unter der starken Beanspruchung von außen leidet. In einem Haus mit Westeingang ist es äußerst wichtig, sich einen geschützten Privatraum zu schaffen. Das gilt sowohl räumlich und zeitlich als auch für die persönlichen Schwerpunkte, die man im Leben setzt.

Haupteingang im Süden

Die schwierigste Ausgangssituation bietet ein Gebäude mit Haupteingang im Süden, doch auch damit kann man zurechtkommen, wenn man die Besonderheiten kennt und beachtet. Der Süden steht für den Bereich „Verantwortung und Dharma" in der Beziehung. Hierzu gehören Treue, Verlässlichkeit, Vertrauen, Ehrlichkeit usw. Gerade bei Häusern mit

Südeingang besteht die Gefahr, dass diese Prinzipien, die für jede echte Partnerschaft und Ehe unerlässliche Grundlage sind, leichtfertig aufgegeben werden. In diesen Häusern kann das jedoch sehr schnell schwerwiegende Folgen haben: Die Beziehung kann von Streit, Betrug und Trennung überschattet oder gar zerstört werden. Der Süden verstärkt die Tendenz, sich zu sehr an materiellen Wünschen, Lust und Leidenschaft und kurzzeitiger Befriedigung der Sinne zu orientieren und dabei die eigenen Werte im Leben zu übersehen. Oft lassen sich auftretende Probleme nicht mehr so einfach korrigieren. Gerade in Häusern mit Haupteingang im Süden ist es wichtig, Partnerschaft, Ehe, Liebe und Sexualität auf dem Prinzip der gegenseitigen Verantwortung, des Vertrauens und der Ehrlichkeit aufzubauen.

Haupteingang im Nordosten

Unter den vier Nebenhimmelsrichtungen bildet der Nordosten eine neutrale Möglichkeit, einen Haupteingang zu platzieren. Man nimmt sich hierdurch die Möglichkeit, den Nordosten für anspruchsvollere Zwecke als einen Eingangsbereich zu nutzen und lädt sehr viel Bewegung ein in den energetisch hochwertigsten Bereich des Gebäudes. Die Öffnung des Nordostens bringt jedoch auch energetisch einige Vorteile mit sich, sodass ein Eingang im Nordosten als neutral bewertet wird.

Haupteingang im Nordwesten

Der Nordwesten eignet sich für einen Haupteingang nicht, da hierdurch das im Nordwesten heimische Element Luft gestört wird, sodass mit Problemen im Bereich der Kommunikation und der Beziehungen innerhalb der Familie zu rechnen ist. Misstrauen, Streit, Betrug und mangelnde Stabilität könnten ebenso mögliche Folgen sein wie emotionale oder psychische Störungen. Konflikte mögen hier sogar zu Feindschaft führen.

Haupteingang im Südosten

Ähnlich verhält es sich mit dem Haupteingang im Südosten, der aufgrund der Präsenz des Elements Feuer ebenfalls nicht so stark geöffnet werden sollte. Hier könnten Streit, impulsives Verhalten, Aggressivität, Betrug, Missverständnisse und Feindschaft auftreten.

Haupteingang im Südwesten

Von allen Möglichkeiten bringt ein Haupteingang im Südwesten die meisten Probleme mit sich, da der Südwesten möglichst geschlossen sein sollte. Auf Beziehungen wirkt sich ein solcher Eingang negativ aus, da er die Neigung fördert, unehrlich zu sein und seiner Verantwortung nicht nachzukommen, und damit die Stabilität von Beziehungen vermindert.

In Häusern mit Südwest-Eingang können außerdem Schwierigkeiten und Probleme mit dem Nachwuchs auftreten. In diesem Fall sollte man besonders darauf achten, dass der Nordosten positive energetische Eigenschaften aufweist. Er sollte möglichst offen, leicht und sauber gestaltet sein.

Sonnen- und Mondfenster

Steht man im Haupteingang eines Gebäudes und schaut von dort nach draußen, so werden die Fenster auf der linken Seite des Eingangs als „Mond-" und die Fenster rechts vom Haupteingang als „Sonnenfenster" bezeichnet. Die Sonnenfenster werden von der Sonne beherrscht, besitzen folglich männliche Qualität. Das erste Sonnenfenster rechts vom Eingang ist dem Vater zugeordnet, das zweite dem ersten Sohn usw. Analog werden die Mondfenster vom Mond beherrscht, sind mit der weiblichen Energie verbunden. Das erste Mondfenster links vom Haupteingang repräsentiert die Mutter, das zweite die erste Tochter usw.

Ein Haus muss keine Mond- und Sonnenfenster besitzen. Dies ist ein Hinweis darauf, dass die Energien, die von den fehlenden Fenstern repräsentiert werden, in dem betreffenden Gebäude nicht so stark ausgeprägt sind und dass die den Fenstern zugeordneten Personen oder Familienmitglieder weniger Unterstützung durch das Energiefeld des Hauses finden.

Der Zustand der Fenster ist ebenso von Bedeutung wie alles, was sich vor oder hinter dem jeweiligen Fenster befindet. Hat beispielsweise das erst Mondfenster einen Sprung, so mag der Vater oder Besitzer des Hauses mit Schwierigkeiten zu kämpfen haben. Befindet sich Abfall und

Gerümpel vor dem zweiten Mondfenster, so wird die *zweite Frau im Haus* oder die Tochter wahrscheinlich in ihrem Leben einer entsprechenden Situation begegnen. Hier gilt das Prinzip, dass das Haus ein Abbild oder Spiegel der Lebenssituation seiner Bewohner ist. Man muss seine Eigenschaften nur zu deuten wissen und mit dem Energiefeld seiner Bewohner in Verbindung bringen können. Die folgende Aufstellung gibt Beispiele für eine detailliertere Deutung von Mond- und Sonnenfenstern:

- *Stange oder Mast vor einem Mondfenster:* Die Mutter oder eine andere Frau im Haus wird von männlicher Aggressivität bedrängt.
- *keine Mondfenster, nur Sonnenfenster:* Die männlichen Energien im Haus sind deutlich beherrschend; Frauen haben es hier schwer.
- *keine Sonnenfenster, nur Mondfenster:* Die weiblichen Energien herrschen im Haus; hier werden es die Männer schwer haben.
- *Abstellraum hinter dem ersten Sonnenfenster:* Schwächung des Vaters; gesundheitliche Schwierigkeiten, vielleicht mit dem Herzen
- *Abstellraum hinter dem ersten Mondfenster:* Die Mutter oder die Frauen im Haus hat/haben Sorgen.
- *Büro hinter dem ersten Sonnenfenster:* Unterstützung bei geschäftlichen Angelegenheiten
- *Küche hinter einem Mondfenster*: Die Frauen sind durch Sorgen belastet.
- *WC hinter einem Mondfenster:* Frauen oder die Mutter haben/hat Schwierigkeiten.
- *WC hinter einem Sonnenfenster:* akzeptabel
- *Badezimmer hinter einem Sonnen- oder Mondfenster:* Freude und Glück
- *Brunnen vor dem Sonnenfenster:* Männer suchen ihr Glück außerhalb des Hauses.
- *Mast oder Pfahl vor dem ersten Sonnenfenster:* Herausforderung für den Vater durch andere Männer

- *Schlafzimmer hinter einem Mondfenster:* unruhiger Schlaf, emotionale Störungen in der Beziehung oder Partnerschaft
- *Schlafzimmer hinter einem Sonnenfenster:* Konflikte
- *dunkler großer Raum hinter einem Mondfenster:* Depressionen und Gemütsverstimmungen bei den Frauen

Selbstverständlich sollte man niemals aus einer einzelnen Eigenschaft eine Schlussfolgerung ziehen, sondern alle Hinweise genau betrachten, die mit den anderen Eigenschaften des Hauses in Verbindung gebracht werden müssen. Nur so kann man zu einem verlässlichen Urteil über die energetische Gesamtsituation gelangen. Um zu beurteilen, ob die männlichen oder die weiblichen Energien in einem Gebäude überwiegen, sollte man also sowohl die Energieflüsse aus dem Norden und dem Osten als auch die Himmelsrichtung, in der der Haupteingang liegt, und den Zustand der Sonnen- und Mondfenster und der Diagonalen des Raums in Augenschein nehmen. Da das Haus ein Spiegelbild seiner Bewohner ist, bildet es ein komplexes energetisches System, das nur als Ganzes verstanden werden kann.

Die hier gewonnenen Erkenntnisse beziehen sich nicht nur auf die Menschen unterschiedlichen Geschlechts, sie können außerdem auf jeden Einzelnen individuell angewandt werden. Da jeder von uns, wie bereits erwähnt, eine weibliche und eine männliche Seite besitzt, kann man die oben gemachten Aussagen ebenfalls auf die inneren Eigenschaften eines Menschen beziehen.

Die fünf Elemente in Beziehung und Liebe

Es war schon immer das Bestreben des Menschen, die Vielfalt der materiellen Natur auf möglichst wenig grundlegende Faktoren zurückzuführen. In Europa finden wir das System der Elemente Erde, Wasser, Feuer und Luft, das in Indien noch um Äther erweitert ist. Diese Elemente beschreiben verschiedene Funktionsweisen oder Zustandsformen der materiellen Energie. Besonders in traditionellen Systemen der fernöstlichen Heilkunst wie etwa im indischen Ayurveda ist dies ein Schlüssel, der hilft, Nahrungsmittel verschiedenen Kategorien zuzuordnen, die Ursachen von Krankheiten zu erkennen und die geeigneten Heilmittel zu finden. Da die Elemente sowohl mit dem menschlichen Körper als auch mit dem Wohnraum und seinem Energiefeld in Verbindung stehen, bilden sie eine Brücke, die zu verstehen hilft, wie das Energiefeld des Raums das Leben seiner Bewohner beeinflusst. Auf den Menschen bezogen ist den Elementen Folgendes zugeordnet:

Erde

Auf der körperlichen Ebene entsprechen dem Element Erde vor allem die Knochen. Erde steht für die dichteste Form der Materie. Sie gibt Struktur, Stabilität und Form und verleiht den Formen dieser Welt ihre

Dauerhaftigkeit. Auch in Beziehungen ist das Element Erde eine wichtige Grundlage, da Stabilität, Verlässlichkeit und Dauerhaftigkeit gerade in Partnerschaft und Ehe wichtige Werte darstellen. Erde steht außerdem für Sicherheit und Geborgenheit - Eigenschaften, die in Beziehungen und Familien von großer Bedeutung sind. Dieses Element wird daher auch mit dem materiellen Aspekt von Beziehungen - wie Haus und Finanzen - in Zusammenhang gebracht.

Wasser

Das Element Wasser steht für alle flüssigen Substanzen, im übertragenen Sinne aber auch für alle Fließprozesse und Strömungen. Hierzu gehören die Gefühle und der „Wohlgeschmack", den man in einer Beziehung oder Partnerschaft erfährt. Wenn eine wohlschmeckende Speise austrocknet, weil ihr das Wasser entzogen wird, kann sich ihr Geschmack nicht mehr entfalten und mag sogar vollständig verloren gehen. Ebenso kann eine Beziehung quasi austrocknen und damit trocken und fade erscheinen.

Feuer

Das Element Feuer spiegelt Energie und Leidenschaft wider. Im Körper tritt es im Verdauungsfeuer und den Prozessen der Verbrennung in den Zellen auf. In Beziehungen manifestiert es sich als Leidenschaft und Sexualität. Ist das Element Feuer zu stark betont, kann es zu Streit und Aggression kommen, was die Beziehung gefährdet. Das geschieht häufig, wenn in einer Partnerschaft oder Ehe die Sexualität zu stark im Vordergrund steht; hier ging das harmonische Verhältnis des beherrschenden Elements Feuer und der anderen Elemente verloren.

Luft

Das Element Luft steht für Bewegung und Austausch und im Körper für die Gelenke, den gesamten Bewegungsapparat und die Gase im Verdauungstrakt. In einer Beziehung symbolisiert dieses Element Kommunikation, eine der wichtigsten Grundlagen einer tiefen und erfüllten Beziehung. Ist das Element Luft gestört, so kann es zu Blockaden in der

Kommunikation kommen, das heißt, die Partner können sich einander nicht richtig mitteilen oder fühlen sich nicht verstanden. Je nachdem, wodurch die Störung verursacht wird, können Streit (Einfluss des Elements Feuer), emotionale Probleme (Einfluss des Elements Wasser) oder Stagnation und Schwerfälligkeit in der Kommunikation (Blockade durch das Element Erde) die Folge sein. Man sollte also immer auch die Wechselwirkung zwischen den Elementen berücksichtigen.

Äther

Äther ist der Raum selbst, der die anderen vier Elemente gleichzeitig beinhaltet und umfasst. Es stellt den geistigen Raum dar, in dem Visionen reifen und Ideen entstehen. Im Körper steht er für die Hohlräume und für den geistigen Bereich. In der Beziehung oder Partnerschaft repräsentiert Äther den Raum, in dem sie sich entfalten kann. Ist dieses Element beeinträchtigt, mag den Partnern die Beziehung als zu eng erscheinen. Äther steht für Visionen und Perspektiven, die die Beziehung bietet, und weist auf das Entwicklungspotenzial hin, das den Partnern gemeinsam zur Verfügung steht. Jede Beziehung lebt davon, dass sich ein solcher gemeinsamer Raum entwickelt, der für beide Partner individuell genügend Platz bietet und den man zusammen nutzt und gestaltet. Gemeinsame Ziele und Träume werden ebenfalls von diesem Element repräsentiert.

Die fünf Elemente und der Raum

In jedem Raum sind alle fünf Elemente zu finden, die *ein* Energiefeld bilden. Die vier Nebenhimmelsrichtungen kann man eindeutig je einem Element zuordnen, während die Mitte des Raums dem Element Äther entspricht, in den Haupthimmelsrichtungen verbinden sich jeweils zwei Elemente der ihnen benachbarten Nebenhimmelsrichtungen.
Der Nordosten ist die leichteste und feinste aller Himmelsrichtungen und so wurde ihm ursprünglich das Element Äther zugeordnet. Hier tre-

Nordwesten *Luft*	Norden *Luft/Wasser*	Nordosten *Wasser/Äther*
Westen *Erde/Luft*	*Äther*	Osten *Äther/Feuer*
Südwesten *Erde*	Süden *Erde/Feuer*	Südosten *Feuer*

Abbildung 5: Die Elemente in den acht Himmelsrichtungen

ten die Energien in den Raum ein und fließen dann in Richtung Südwesten. Auf ihrem Weg durch den Raum werden die Energien verbraucht und immer schwerer. Im Südwesten ist das Element Erde zu finden, denn hier befinden sich die schwersten Energien.

Das Element Äther hat eine enge Verbindung zum Element Wasser, da es die feinstofflichen Energien aufnehmen, speichern und wieder abgeben kann. Und so manifestieren sich die ätherischen Energien durch das Element Wasser in der Natur und im Leben. Aus diesem Grund ist das Element Wasser im Nordosten ideal platziert, es nimmt die positiven, starken ätherischen Energien dieser Richtung auf, speichert sie und kann sie verstärkt wieder abgeben. Im Nordosten sind die Elemente Äther und Wasser gleichzeitig präsent.

Im Osten verbinden sich die Energien des Südostens und des Nordostens miteinander: Feuer ist das Element des Südostens, der am Tag die längste Zeit der Sonne ausgesetzt ist; hier ist es verbunden mit dem ätherischen Aspekt des Nordostens. Kommt Feuer mit Äther in Berührung, so manifestiert sich der Licht-Aspekt. Das entspricht der

Qualität des Ostens, der von allen Himmelsrichtungen die höchste Lichtqualität hat. Vor allem zur Zeit des Sonnenaufgangs besitzt das Licht des Ostens eine besondere Qualität, die für den menschlichen Körper ebenso wichtig ist wie Vitamin C.

Verbindet sich das Feuer des Südostens im Süden mit der Erde des Südwestens, dann wird Hitze manifestiert – der komplementäre Aspekt des Lichts. Der Süden ist also die heißeste der acht Himmelsrichtungen, da er direkt der Mittagssonne ausgesetzt ist.

Im Norden verbinden sich die beiden Elemente Wasser (Nordosten) und Luft (Nordwesten), während sich im Westen die Erde des Südwestens mit der Luft des Nordwestens verbindet.

Die Beziehung der fünf Elemente zueinander

Während Äther allen anderen Elementen Raum zur Verfügung stellt und zu ihnen in einer neutralen Beziehung steht, gibt es zwischen diesen Freundschaften, Feindschaften und Seelenverwandtschaften, wie Abbildung 6 auf der rechten Seite zeigt:

Die Gegensätze Wasser und Feuer beispielsweise liegen auf der Ostseite des Raums und bestimmen dessen Dynamik. Auf der einen Seite sind diese Elemente Feinde und vernichten sich gegenseitig. Wasser hat die Kraft, Feuer zu löschen, und Feuer lässt Wasser verdampfen. Auf der anderen Seite können Wasser und Feuer, wenn sie auf kontrollierte und ausgewogene Weise zusammenkommen, gemeinsam starke Energien entfalten und lebenswichtige Prozesse in Gang setzen. Wasser steht für die Emotionen, Feuer für Leidenschaft und Sexualität – beides bedingt sich gegenseitig. Sexualität wird im Allgemeinen von starken Emotionen begleitet und viele emotionale Störungen hängen mit sexuellen Problemen zusammen, die irgendwann einmal im Leben aufgetreten sind. Das richtige Zusammenspiel dieser beiden Elemente ist daher auch in Beziehungen und in der Partnerschaft von großer Bedeutung.

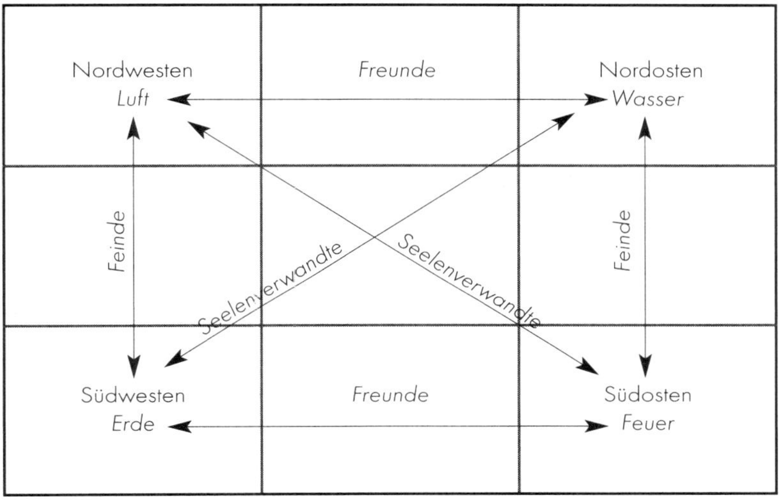

Abbildung 6: Die Beziehung der fünf Elemente zueinander

Im Wohnraum ist es wichtig, Feuer und Wasser den ihnen entsprechenden Platz zuzuweisen. Stets sollte im Südosten das Element Feuer präsent sein. Der Südosten hängt im Bereich „Beziehung und Partnerschaft" eng mit Sexualität, Lust und Liebe zusammen und kann daher durch das Feuer-Element optimal unterstützt werden. Auf keinen Fall sollte man Wasser in den Südosten bringen, da dies entweder seinen Feind, das Feuer, löscht oder schlagartig von diesem verdampft wird. Beides ist für die Energie des Raums und damit für Partnerschaft und Beziehungen ungünstig.

Wasser im Südosten, wie beispielsweise in Form eines Aquariums oder eines Trinkwasserbehälters, kann die Attraktivität, die die Partner aufeinander ausüben, herabsetzen und damit zu sexueller Unzufriedenheit führen. Es kann jedoch auch sein, dass die Feuer-Energie des Raums so stark ist, dass das Wasser-Element einfach verdampft. In diesem Fall werden die Emotionen vielleicht durch zu starke Leidenschaft oder sogar traumatische sexuelle Erlebnisse gestört.

Was nun aber die Heizung und die Küche anbelangt, so ist es hier notwendig, Wasser und Feuer zusammenzubringen und unter ganz klar definierten Bedingungen miteinander in Wechselwirkung treten zu lassen. In diesen Fällen wird das Wasser zum Träger des Feuers und nimmt auf diese Weise scheinbar dessen Eigenschaft, dessen Hitze an. Daher ist die Heizung oder ein Kochplatz im Südosten gut aufgehoben. Wasser steht für die Gefühle und Feuer für Leidenschaft und Sexualität. Das harmonische Miteinander von Feuer und Wasser in der Küche symbolisiert das natürliche Zusammenspiel von Gefühl und Leidenschaft in einer liebevoll gelebten sexuellen Beziehung.

Auch im Nordwesten sind Heizung und Küche gut aufgehoben, da der Nordwesten vom Luft-Element beherrscht wird, das zu dem Element Wasser eine freundschaftliche Beziehung hat und dem Feuer seelenverwandt ist.

Auf keinen Fall sollte man Dinge, die mit Feuer in Zusammenhang stehen, in den Nordosten bringen, der dem Wasser-Element zugeordnet ist, hierdurch würde der Konflikt zwischen diesen beiden Elementen offen ausbrechen: Das Feuer beeinflusst das Element Wasser hier negativ, was zu emotionalen Störungen – vor allem bei den Frauen im Haus – führen kann. Luft ist der Freund von Wasser, sodass bewegliche Dinge und kommunikative Prozesse im Nordosten gut aufgehoben sind, wenn sie die übrigen Anforderungen des Nordostens wie Reinheit, Offenheit und Leichtigkeit erfüllen.

Ebenso kann man Wasser in den Nordwesten (der dem Element Luft zugeordnet ist) bringen, da sich diese beiden Richtungen gegenseitig unterstützen. Wasser im Nordwesten führt möglicherweise dazu, dass die Kommunikation der Bewohner des Hauses emotional mehr Tiefe bekommt. Zu viel Wasser im Nordwesten mag jedoch zu einer emotionalen Überfrachtung des kommunikativen Austausches führen und diesen eher blockieren. Hier geht es – wie überall – um das rechte Maß. Vor allem Dinge, die Wasser und Luft oder Bewegung zusammenbringen, sind im Nordwesten hilfreich, etwa ein Zimmerbrunnen oder ein Aquarium.

Die fünf Elemente im Wohnraum

Alle Gegenstände und Funktionen im Haus und um das Gebäude herum lassen sich den fünf Elementen zuordnen, wobei die Klassifizierung nicht immer eindeutig sein muss. Hier finden Sie eine List der wichtigsten Zuordnungen:

Erde:

- schwere Möbel
- Pflanzen, insbesondere mit großen Blumentöpfen
- Steine im Haus oder im Garten
- Hügel im Garten
- Erdfarben
- schwere Kristalle wie Drusen
- Getreidelager
- Abstellräume
- Holzlager
- Erdöl (beinhaltet allerdings auch Feuer)
- Möbel aus Holz
- rechteckige und quadratische Formen

Wasser:

- Badewanne
- Waschbecken
- Bad
- Brunnen
- Teich
- Zimmerbrunnen
- blaue Farben
- geschwungene Formen
- Aquarium

Feuer:

- Kamin
- Küche
- Ofen
- Herd
- elektrische Geräte und Installationen
- rote Farben
- scharfe Gewürze
- spitze Formen
- Licht
- Beleuchtung und Lampen
- Kerzen
- Erdöl (auch Erde)
- Alkohol
- brennbare Gegenstände

Luft:

- Schaukelstühle
- Fenster
- Windspiele
- Fahrzeuge
- Fahrräder
- Spielplatz
- Telefone
- Orte, an denen kommuniziert wird
- leicht bewegliche Gegenstände
- Garderobe
- Ventilator
- Ort für Übungen
- Haustiere, insbesondere Vögel

Äther:

- offene Räume
- das Zentrum des Hauses oder der Räume

- Licht
- Klang und Musik
- Spiegel

Sie können die aufgeführten Gegenstände gezielt einsetzen, um ein harmonisches Zusammenspiel der fünf Elemente im Wohnraum zu erreichen. Ist ein Element in der ihm zugeordneten Himmelsrichtung nicht in ausreichendem Maß vorhanden, so können Sie auf die im Folgenden aufgezählten Dinge und Aktivitäten zurückgreifen, um das

- *Element Erde in den Südwesten zu bringen:*
  große Pflanzen mit schweren Erdtöpfen; schwere Drusen; große und schwere Schränke; Erdfarben; Steine; Bilder mit Bergen

- *Element Wasser in den Nordosten zu bringen:*
  Zimmerbrunnen; Aquarium; Behälter mit frischem Wasser; blaue Farben; geschwungene Formen; Bilder mit Wasser; Pflanzen

- *Element Feuer in den Südosten zu bringen:*
  offenes Feuer; Kamin; Kerzen; elektrische Geräte; spitze Formen; rote und orangefarbene Töne; scharfe Gewürze; Bilder mit Feuer

- *Element Luft in den Nordwesten zu bringen:*
  bewegliche Dinge wie einen Schaukelstuhl; Atemübungen machen an einem Platz, an dem das Element Luft gestärkt werden soll; Bilder mit Wind und Wolken; Windspiele; offene Fenster; gute Lüftung; Bewegung; Fächer

- *Element Äther in das Zentrum und in den Nordosten zu bringen:*
  Spiegel; metallische Oberflächen; viel Platz; Bilder mit viel Raum; abstrakte Darstellungen; Meditieren an dem Ort, an dem das Element Äther gestärkt werden soll; helle Farben; ätherische Klänge; harmonisierende Musik; ein Muschelhorn blasen, heilende Klänge; *Ragas* (klassische indische Melodiefolgen) spielen

Die neun Planeten in Liebe und Partnerschaft

Der Wohnraum eines Menschen ist ein Mikrokosmos, in dem die gleichen Kräfte und Energien wirken wie im Universum. Die Planeten beeinflussen das Leben eines Menschen stärker als alle anderen Himmelskörper. In Indien wurde die Astrologie seit Jahrtausenden als Wissenschaft angewendet und entwickelt, mit deren Hilfe man nicht nur die Qualität der Zeit allgemein, sondern auch die individuelle Wirkung eines Zeitpunktes auf den Menschen bestimmen kann.

So findet man zum Beispiel in Südindien die Palmblattbibliotheken, die in vorgeschichtlicher Zeit von dem weisen Astrologen Brighu und anderen Astrologen und Weisen verfasst wurden. Hier werden Hunderttausende von Palmblättern aufbewahrt – jeweils eines für jeden, der in der Zukunft einmal in eine der Bibliotheken kommen wird, um nach seinem Schicksal zu fragen.

Betritt man eine solche Palmblattbibliothek, beispielsweise in Bangalore oder Kanchipuram, so sucht der Leser dort teilweise mehrere Stunden lang, bis er das passende Palmblatt gefunden hat. Hierzu benötigt er meist nur einen Fingerabdruck vom rechten Daumen. In manchen Palmblattbibliotheken ist nicht einmal das nötig – hier reicht allein der

Zeitpunkt, zu dem ein Mensch ankommt, aus, um dessen Palmblatt zu finden. Oft findet der Leser allerdings nicht nur ein einziges Palmblatt, sondern eine ganze Reihe von Blättern, die für die jeweilige Person in Frage kommen. Jetzt muss er durch gezielte Fragen zum Leben des Betreffenden herausfinden, welches dieser Blätter tatsächlich das richtige ist. Ist es gefunden, so kann man sich in einer alten indischen Sprache vorlesen lassen, was darauf steht. Es ist gut, einen Übersetzer mitzubringen, da die Leser der Bibliotheken zumeist nur unzureichend Englisch sprechen.

Im Allgemeinen findet man auf dem Palmblatt eines Menschen eine sehr exakte Beschreibung seiner Vergangenheit in diesem Leben bis zum gegenwärtigen Zeitpunkt. Die Beschreibung ist meist genau und man findet sogar die Vornamen der Eltern und eine große Anzahl detaillierter Informationen, die das Leben der jeweiligen Person betreffen. Aber auch das Geschehen in dem Zeitraum vom gegenwärtigen Moment bis zum Tod ist genau niedergeschrieben. Die Palmblatt-Leser können dem Besucher aus 12 verschiedenen Bereichen, die den 12 Häusern der Astrologie entsprechen, über dessen Leben in der Vergangenheit, der Gegenwart und der Zukunft berichten.

Da die Zukunft eines Menschen jedoch nicht vollständig festgelegt ist, sondern zu einem gewissen Teil vom freien Willen und damit von den Entscheidungen des Betreffenden abhängt, treffen die Beschreibungen dessen, was noch kommen wird, im Allgemeinen (nur) bis zu 72 Prozent zu. Jeder hat sein Schicksal also bis zu einem gewissen Grad selbst in der Hand.

Das Gleiche gilt natürlich auch für die herkömmliche Astrologie, der die Geburtszeit eines Menschen zugrunde liegt. Kein Astrologe kann letztlich mit mehr als 72-prozentiger Sicherheit die Zukunft eines Menschen voraussagen, denn die freie Entscheidung eines Menschen spielt stets eine Rolle. Die große Exaktheit, mit der indische Astrologen trotzdem Voraussagen über das zukünftige Leben und die Vergangenheit eines Menschen machen können, ist allerdings ein eindeutiger Beweis für den Einfluss, den Planeten auf unser Leben haben.

Vasati, die indische Lehre von den kosmischen Einflüssen auf den

Wohnraum des Menschen, wendet nun die Grundlagen der vedischen Astrologie auf den Raum an. Vasati zeigt, dass die neun Planeten dieser Form der Astrologie nicht nur die Qualität der Zeit, sondern auch die des Raums beeinflussen. Über die Zeit und den Raum wirken sie gleichermaßen auf den Menschen. So hat ein Mensch quasi gleich zwei Horoskope: Eines ist durch den Zeitpunkt seiner Geburt vorgegeben und ein weiteres, ebenso wichtiges resultiert aus der Gestaltung seines Wohnraums.

Die Planeten wirken im Wohnraum nicht nur durch die Himmelsrichtungen, die jeweils von einem Planeten beherrscht werden, auf den Menschen, sondern letztlich durch jeden einzelnen Gegenstand im Haus. Alle Dinge, Farben und Elemente in dieser Welt stehen mit einem Planeten in Verbindung, wodurch die Kraft der Planeten indirekt auf den Menschen wirken kann.

Nordwesten *Mond*	Norden *Merkur* *(Shri-Yantra)*	Nordosten *Jupiter* *(Ketu)*
Westen *Saturn*		Osten *Sonne*
Südwesten *Rahu*	Süden *Mars*	Südosten *Venus*

Abbildung 7: Die neun Planeten in den Himmelsrichtungen

Die Planeten sind außerdem den verschiedenen Raumfunktionen und Gegenständen zugeordnet. So kommt es zu einer komplexen Wechselwirkung der verschiedenen Planeten im Haus, wodurch ein Resonanzfeld erzeugt wird, das einem zweiten Horoskop vergleichbar ist. Da sich

Menschen bis zu 24 Stunden am Tag in diesem planetaren Resonanzfeld aufhalten, kann dieses ebenso stark wie das Geburtshoroskop auf sie wirken. Welche Räume, Gegenstände und Tiere den einzelnen Planeten zugeordnet sind, finden Sie im Folgenden aufgelistet:

Planet	Zuordnungen
Sonne	Altarraum, Gesundheit, Fenster rechts vom Haupteingang (von innen betrachtet), Licht und Beleuchtung, Musikinstrumente, Medizinschrank
Mond	Brunnen, Bäder, Kuhstall, Reisen, Fenster links vom Haupteingang (von innen betrachtet), Zimmerbrunnen, Teich, Kühlschrank, Gefrierschrank, Silberbesteck, Waschmaschine, Whirlpool, Aquarium
Mars	Küche, Ofen, Kamin, Bilder mit Kriegsszenen, elektrische Geräte, Fernseher, Herd, Sauna, Werkzeuge, Eisen
Merkur	Eingangshalle, Gästebereich, Veranda, grüne Bereiche, Büro, Garderobe, Kommunikationsbereiche, Pflanzen, Bürotisch, Computer, Telefon, Fax, Treppen
Jupiter	Altarraum, Safe, Kinderzimmer
Venus	Bett, Schlafzimmer, Sofa, Wohnzimmer, Spiegel, Bilder und Kunstgegenstände, Tiffany-Lampen, Esstisch, Bar, Kleiderschrank, Schminktisch, Fahrzeuge, Garage
Saturn	Getreidespeicher, Esszimmer; Raum, in dem der Müll gelagert wird; Schuhschrank, Stühle und Tische, Uhr, Geschirrschrank, Abstellraum, Werkstatt, Schildkröten
Rahu	Haupteingang, dunkle und große Räume, große Türen, Bar, Schlangen
Ketu	Badezimmer, kaputte Wände, Risse, Ausgang, kleine Türen, Flur und Gänge, Hunde, Katzen

Tabelle 1: Den neun Planeten zugeordnete Räume, Gegenstände und Tiere

Weiß man, welcher Planet den einzelnen Himmelsrichtungen, den Gegenständen und Raumfunktionen zugeordnet ist, lassen sich daraus viele Schlussfolgerungen ziehen, auf welche Weise das Gebäude seine Bewohner beeinflusst. Zusätzlich ist es hilfreich, wenn man die Eigenschaften der Planeten und die Beziehungen, die sie zueinander haben, berücksichtigt.

Die Eigenschaften der neun Planeten

Drei Planeten – Sonne, Mars und Jupiter – besitzen eindeutig männliche Eigenschaften, wobei Jupiter für den Mann in der Rolle des Ehemannes, Mars für den Kameraden, Freund und Liebhaber und die Sonne für den Mann in seiner Rolle als Vater und Autorität in der Familie steht. Hieraus ergibt sich, dass dem Osten das Wohlergehen des Familienoberhauptes zugeordnet ist, aber auch das Selbstbewusstsein der anderen sowie deren Gesundheit und Vitalität. Die Kraft des Willens und der Entschlossenheit werden ebenfalls von der Sonne repräsentiert. Je offener der Osten eines Hauses oder einer Wohnung gestaltet ist, das heißt, je mehr Türen und Fenster er besitzt, desto mehr werden diese Lebensbereiche gefördert.

Venus und Mond besitzen eindeutig weibliche Eigenschaften, wobei der Mond für die Frau in ihrer Rolle als Mutter steht, für Fürsorge, Mütterlichkeit, Gefühle und für den Geist. Venus steht für die Frau als Ehefrau, Geliebte und einfach als Frau. Sie symbolisiert die Weiblichkeit einer Frau. Im Horoskop eines Menschen repräsentiert Venus Kunstsinn, Schönheit, Lebensfreude, Genuss, Komfort und Luxus.

Im Folgenden finden Sie die Zuordnungen der neun Planeten:

Planet	Zuordnungen	Person
Sonne	Autorität, Selbstbewusstsein, Wille	Vater
Mond	Fürsorge, Mütterlichkeit, Gefühle, Fruchtbarkeit	Mutter

Planet	Zuordnungen	Person
Mars	Leidenschaft, Sexualität, Männlichkeit	Brüder, Freunde
Merkur	Gespräche, Kommunikation, Verständnis, Betrug, Doppelmoral	Onkel, Kinder, Studenten, Schüler
Jupiter	Spiritualität, Kinder, Reichtum, Moral, spirituelle Befreiung	Lehrer, Ehemann, Kinder, Priester
Venus	Liebe, Genuss, Kreativität, Schönheit, Komfort, Weiblichkeit	Frauen, Ehefrau, Schwestern
Saturn	Stabilität der Beziehung, Trennung, Gefühl des Begrenztseins, Begrenzung, Treue, Hunger	ältere Menschen, kranke Menschen
Rahu	Missverständnisse, Wünsche nach sexuellem Genuss außerhalb der Beziehung	drogenabhängige, kriminelle Menschen
Ketu	Askese, asketische Anwandlungen, Entsagen-Wollen, Spiritualität, äußere Befreiung	Asketen, Heilige, Mystiker, Heiler

Tabelle 2: Zuordnungen der neun Planeten

Wann immer die Energie eines bestimmten Planeten im Haus gestört ist, kann an der betreffenden Stelle das spirituelle Yantra dieses Planeten aufgehängt werden; es wirkt dem Ungleichgewicht entgegen.

Mandalas und Yantras im Wohnraum

Das Wort *Mandala* kommt aus dem Sanskrit und bedeutet „Kreis". Es bezieht sich auf ein geschlossenes Bild, das auf ein Zentrum gerichtet ist. Mandalas müssen nicht rund sein. Es gibt auch quadratische oder vieleckige Mandalas, doch alle haben gemeinsam, dass sie in sich abgeschlossen sind und ein Zentrum besitzen.

Mandalas sind Bilder, die mit Hilfe von Farben, Formen, Symbolen und Schriftzeichen eine bestimmte Energie darstellen. Durch ihre Kombination ist diese in dem Mandala gegenwärtig beziehungsweise wirkt durch es hindurch. Mandalas können ihren Betrachter so mit der jeweiligen Energie verbinden. Sie wirken allerdings auch im Raum, wenn kein Betrachter da ist, der sich ihrer direkt bewusst wäre. Der Raum an sich ist nach vedischer Auffassung bewusst und nimmt alles, was sich in ihm befindet, wahr. Und ein Mandala ist ein Schwingungsbild, dessen Dynamik sich in der Veränderung des Bewusstseins und der Energie des Raums ausdrückt.

Ein Mandala ist zudem ein Bild der Seele und des Kosmos. Als Bild der Seele spiegelt es psychische und spirituelle Energien wider, während es als Bild des Kosmos die universalen Energien verkörpert. Hierin kommt die enge Beziehung zwischen dem inneren Raum der Seele und des Geistes und dem äußeren Raum des Universums zum Ausdruck. *Wie im Kleinen, so im Großen* gilt dabei ebenso wie die Weisheit: *Wie innen, so außen.*

Mandalas machen auf die enge Beziehung zwischen Raum und Bewusstsein aufmerksam, die die Grundlage von Vasati darstellt. Im Vasati wird der Raum als nach außen projizierte Spiegelung des Geistes angesehen. Der innere und der äußere Raum werden nicht getrennt voneinander betrachtet – sie stehen in einer ständigen Wechselwirkung. Auf diese Weise kann der äußere Raum, das heißt unsere Wohnsituation, ein Spiegelbild unseres Bewusstseins und unserer Geschichte sein. Er kann sowohl unsere Vergangenheit als auch die Gegenwart und Zukunft enthalten. Ein erfahrener Vasati-Kenner sieht all das in den Räumen, die ein Mensch bewohnt.

Hieraus ergibt sich aber auch die Möglichkeit, dass der Mensch sein Bewusstsein und sein Leben durch die kreative Gestaltung seines Wohnraums beeinflusst und so in eine bestimmte Richtung lenkt. Das Wissen um die Naturgesetze von Vasati hilft ihm dabei, die gewünschte Richtung zu definieren und den Raum entsprechend zu gestalten.

Ein Mandala kann in diesem Zusammenhang eine doppelte Funktion erfüllen: Es ist einerseits ein Spiegel, der direkt mit dem Bewusstsein des Menschen kommuniziert und auf diese Weise etwas von innen her in

Erfahrung bringt oder das Innere sogar verändert. Die Gefühle und Gedanken, die wir haben, wenn wir ein Mandala betrachten, sagen sehr viel über uns aus. Über ein Mandala zu meditieren verändert unser Bewusstsein. Und andererseits können Mandalas gezielt eingesetzt werden, um den Raum und seine Energien zu verändern. Hier bedient man sich der kosmischen Kräfte, die im Haus wirken, zu denen Elemente, Planeten und die sie beherrschenden Wesenheiten – wie Planetengottheiten und Elementarwesen – gehören. Die Prinzipien und Einflüsse des Universums haben eigene spezifische Mandalas, die nun auch zur Korrektur der Raumenergien verwendet werden können. Solche Werkzeuge werden als „Yantras" bezeichnet. Yantras sind Mandalas, die eingesetzt werden, um ein bestimmtes Ziel zu erreichen. Im Vasati finden Yantras seit Jahrtausenden Anwendung, wenn es darum geht, Defekte auf der energetischen und auf der karmischen Ebene mit spirituellen Mitteln auszugleichen.

Jeder Planet wird von einer spirituellen Planetengottheit beherrscht. Diese unterschiedlichen Aspekte Gottes werden in den neun Planeten-Yantras dargestellt. Sie können solche Mandalas völlig unbedenklich einsetzen, denn sie haben keine unerwünschten Nebenwirkungen, da sie die Kraft des jeweiligen Planeten nicht nur verstärken, sondern auf intelligente Weise ausgleichen: Ist beispielsweise ein bestimmter Planet geschwächt, so wird er durch das Yantra gestärkt; seine Wirkung wird jedoch ins Positive gekehrt, falls er in dem Gebäude oder im Leben seiner Bewohner eine negative Wirkung entfaltet. Zusätzlich zu den neun Planeten-Yantras verwenden wir im Vasati das Shri-Yantra und das Schutz-Yantra. Das Shri-Yantra eignet sich hervorragend, um die blockierte weibliche Lebensenergie wieder in Fluss zu bringen, und wird daher vor allem im Norden eines Raumes angebracht. Das Schutz-Yantra kann überall dort eingesetzt werden, wo negative Energien auftreten – besonders wenn Eingänge falsch liegen, bei störenden elektrischen Installationen und Vasati-Defekten im Südwesten hat sich sein Einsatz bewährt.

Die Anwendung der Yantras erfolgt nach dem folgenden Prinzip: Besteht im Gebäude oder auf dem Grundstück ein Vasati-Defekt, so wird zunächst ermittelt, welcher Planet dadurch geschwächt wird beziehungsweise diesen Defekt durch seine Negativität verursacht. Dann wird an der betreffenden Stelle das entsprechende Yantra angebracht. Eine andere Herangehensweise besteht darin, zu schauen, welcher Planet die Störung verursacht: Geht es beispielsweise um einen an einer falschen Stelle liegenden Abstellraum, der Saturn zugeordnet ist, so kann man ein spirituelles Saturn-Yantra zur Transformation der negativen Energien des Abstellraums aufhängen.

In diesem Buch finden Sie Farbtafeln mit sämtlichen Planeten-Yantras, die hier erwähnt werden.

Die folgende Tabelle gibt an, in welcher Höhe das jeweilige Yantra aufgehängt werden sollte: Die Angaben in der zweiten und dritten Spalte beziehen sich auf das Chakra der Person, die am meisten unter dem betreffenden Vasati-Defekt leidet.

Planet	Höhe	Chakra
Ketu	Scheitel	7.
Sonne	Augen	6.
Mond	Augen	6.
Merkur	Hals	5.
Venus	Herz	4.
Mars	Sonnengeflecht	3.
Jupiter	Milz	2.
Saturn	Steißbein	1.
Rahu	Steißbein	1.

Tabelle 3: Höhe, in der ein spirituelles Planeten-Yantra angebracht wird

Eine andere Möglichkeit besteht darin, das Yantra direkt unter der Decke oder auf dem Boden anzubringen, sodass es in Richtung Osten weist. Die folgenden Anwendungsbeispiele sollen das Vorgehen verdeutlichen:

Beispiel 1:
Befindet sich eine Toilette im Nordosten des Hauses, so ist dadurch die reine Energie des Nordostens, die durch Jupiter repräsentiert wird, beeinträchtigt. Jupiter leidet unter dem Angriff von Ketu, der für die Toilette steht. Daher sollte über der Toilettentür außen ein spirituelles Jupiter-Yantra aufgehängt werden, das Jupiter davor schützt. Hinter dem Jupiter-Yantra sollte ein mit dem Bild zur Toilette weisendes spirituelles Ketu-Yantra angebracht werden, das die Angriffe von Ketu abschwächt. Beide Yantras hängen dann „Rücken an Rücken" außen über der Tür.

Beispiel 2:
Befindet sich ein großes Fenster mit Terrassentür im Südwesten des Hauses, der eigentlich schwer und geschlossen sein sollte, so nehmen die negativen Energien von Rahu überhand. Am besten platziert man daher an dieser Stelle ein spirituelles Rahu-Yantra, das seine negativen Energien ins Positive wandelt.

Beispiel 3:
Ist der Osten eines Hauses fensterlos und gleichzeitig von schweren Einrichtungsgegenständen verstellt, so ist die Sonne, die den Osten beherrscht, geschwächt. Sie sollte durch das Aufhängen eines spirituellen Sonnen-Yantras gestärkt werden.

Die neun Planeten und die Anwendung der spirituellen Planeten-Yantras

Die Sonne und das Sonnen-Yantra

Die Sonne repräsentiert - je nachdem, wie weit ein Mensch bereits spirituell entwickelt ist - dessen Selbst oder dessen Ego. Sie spielt daher in Beziehungen und in der Partnerschaft eine große Rolle, denn hier begegnen sich zwei Egos, die letztlich auf der Suche nach ihrem wahren Selbst sind. Wären beide Partner bereits in ihrem spirituellen Selbst verankert, so könnten sie eine vollkommene Beziehung eingehen. Da wir uns jedoch noch sehr stark mit der Rolle identifizieren, die wir in dieser Welt angenommen haben, und unsere spirituelle Identität noch nicht kennen, begegnen wir uns zumeist auf der Ebene der Rollen, die wir spielen, oder auf der Ebene des Ego. Die Sonne steht für unser Ego und unseren Anspruch auf Autorität, Geltung und Macht. Solche Ansprüche spielen auch in Beziehungen eine große Rolle. In der Familie besitzt meist der Vater die größte Autorität. Und so wird er von der Sonne repräsentiert.

Die Sonne beherrscht den Osten; sind seine energetischen Eigenschaften belastet, dann mag der Vater beziehungsweise seine Autorität geschwächt sein. Die Beziehungen können in einem solchen Haus aber auch generell von starken Ego-Konflikten geprägt werden. Eine energetische Blockade des Ostens zeigt, dass die Menschen in diesem Gebäude nicht zu sich selbst finden und in Beziehungen immer eine Rolle spielen müssen, die ihnen nicht entspricht. Unter solchen Umständen kann es in der Partnerschaft oder in der Familie einen ständigen Kampf um Vorherrschaft und Autorität geben. Ist der Osten jedoch energetisch stark – findet man hier große Fenster und hat man viel Platz, um sich zu entfalten –, dann sind die besten Voraussetzungen dafür gegeben, dass die hier lebenden Menschen mit sich selbst zufrieden sind und sich in Beziehungen harmonisch zum Ausdruck bringen können.

Im Folgenden finden Sie energetische Defekte aufgeführt, die die Sonne im Wohnraum des Menschen schwächen, und Empfehlungen zur Korrektur:

- *Geschlossener Osten ohne Fenster:* Schaffen Sie ein zusätzliches Fenster; gestalten Sie den Osten in Sonnenfarben wie Orange oder Rubinrot; hängen Sie ein Bild mit aufgehender Sonne auf; bringen Sie ein spirituelles Sonnen-Yantra im Osten an; auch mit Spiegeln, Wasser und Pflanzen werten Sie den Osten energetisch auf.

- *Wände im Osten des Hauses sind durch schwere Möbel verstellt:* Entfernen Sie schwere Möbel oder ersetzen Sie sie durch leichtere. Hängen Sie ein spirituelles Sonnen-Yantra auf, falls Sie die Möbel nicht entfernen können.

- *Abstellraum im Osten:* Der Abstellraum sollte in jedem Fall entrümpelt oder sogar ganz entfernt werden. Hängen Sie zudem ein spirituelles Sonnen-Yantra außen über der Tür auf.

- *Müll im Osten:* Müll sollte in anderen Himmelsrichtungen, vorzugsweise im Südwesten, Westen, Süden oder Nordwesten platziert werden (auf keinen Fall jedoch im Nordosten oder Osten). Bringen Sie ein spirituelles Sonnen-Yantra im Osten des Hauses an (falls der Müll nicht entfernt werden kann).

- *Hohe Bäume im Osten:* Falls die Bäume mehr als zweimal so weit vom Gebäude entfernt stehen, wie sie hoch sind, ist ihr Einfluss kein großes Problem. Stehen die Bäume jedoch zu dicht am Haus, versperren sie beim Sonnenaufgang den Blick auf die Sonne, so ist es besser, sie zu fällen und an einer anderen Stelle neue Bäume zu pflanzen (im Westen, Süden und Südwesten sind hohe Bäume äußerst willkommen). Sie können die energetischen Eigenschaften zusätzlich durch einen Teich oder andere Arrangements mit frischem Wasser stärken.

- *Keine Sonnenfester:* Am besten schaffen Sie ein Sonnenfenster. Ist das nicht möglich, ist an dieser Stelle ein spirituelles Sonnen-Yantra oder das Bild einer aufgehenden Sonne hilfreich.

- *Sonnenfenster in schlechtem Zustand:* Verbessern Sie unbedingt den Zustand des Sonnenfensters.

- *Unpassende Funktion hinter dem Sonnenfenster, etwa ein Abstellraum, eine Toilette, ein dunkler Raum, Müll usw.:* Falls die Raum-Funktion nicht geändert werden kann, hängen Sie ein spirituelles Sonnen-Yantra auf.

- *Anstieg des Geländes in Richtung Osten:* Kleine Gefälle können abgetragen werden, mit größeren natürlichen Gefällen muss man leben. Zum Ausgleich schaffen Sie im Osten einen Teich oder andere Wasser-Arrangements; halten Sie den Osten ansonsten möglichst leicht und den Westen möglichst schwer und geschlossen.

- *Der höchste Punkt im Gebäude liegt im Osten:* Falls Sie im Westen oder Südwesten keinen zusätzlichen höheren Punkt schaffen können, bringen Sie das spirituelle Sonnen-Yantra in der Mitte der östlichen Wand auf Herzhöhe an.

- *Kein Platz auf dem Grundstück im Osten:* Halten Sie den Westen möglichst schwer und geschlossen, um auf dieser Achse kein allzu großes Ungleichgewicht aufkommen zu lassen. Sollte im Westen ein großer Garten liegen, trennen Sie diesen mit Hilfe einer Hecke, eines kleinen Zaunes oder einer anderen Bepflanzung vom Haus ab.

- *Der Osten des Hauses wird nicht zum Aufenthalt genutzt:* Ändern Sie das unbedingt – nutzen Sie den Osten am besten zum Meditieren, für Yoga-Übungen, den Sonnengruß oder andere körperliche Übungen, zum Lesen oder Studieren oder zum Entspannen.

Der Mond und das Mond-Yantra

Der Mond steht im Leben eines Menschen in erster Linie für dessen Geist, für seine Psyche und seine Emotionen. Wenn es um Liebe, Partnerschaft und Ehe geht, ist er daher einer der wichtigsten Planeten. Will man in den Horoskopen zweier Partner überprüfen, inwieweit diese beiden Menschen zusammenpassen, ist es zuerst einmal wichtig, ihre „Mondzeichen" anzuschauen. Ist der Mond im Horoskop eines Menschen ernsthaft geschwächt oder in irgendeiner Form angegriffen, so wird der Betreffende auch in seinen Beziehungen und Partnerschaften immer wieder in emotionale Sackgassen geraten, die unter Umständen sogar die Beziehung ernsthaft gefährden können.

Der Mond beherrscht den Nordwesten – die Richtung, die allgemein für Beziehungen steht. Energetische Defekte im Nordwesten können die Kommunikation der Hausbewohner und deren Beziehungen im Allgemeinen beeinträchtigen und zu psychischen Schwierigkeiten führen. Energetisch gesehen steht der Norden ebenfalls mit dem Mond in Verbindung; der Mond symbolisiert also zudem die Beziehung zur Mutter, die Mutter selbst, Fruchtbarkeit und Mutterschaft.

Die energetischen Defekte, die den Mond im Wohnraum des Menschen schwächen, und Korrekturvorschläge finden Sie im Folgenden:

- *Geschlossener Norden ohne Fenster:* Schaffen Sie ein zusätzliches Fenster; gestalten Sie den Norden in grünen Farben; hängen Sie ein Bild auf, auf dem grüne Natur oder eine Landschaft mit Wasser zu sehen ist; bringen Sie das Shri-Yantra im Norden an; platzieren Sie einen Spiegel im Norden und werten Sie den Osten mit Wasser und Pflanzen energetisch auf. Außerdem können Sie das Meru-Chakra im Norden aufstellen.

- *Wände im Norden des Hauses sind mit schweren Möbeln verstellt:* Entfernen Sie die schweren Möbel oder ersetzen Sie sie durch leichtere. Hängen Sie das Shri-Yantra auf (falls die Möbel nicht entfernt werden können).

- *Abstellraum im Norden:* Entrümpeln Sie den Abstellraum auf jeden Fall; wenn möglich, entfernen Sie ihn ganz aus dieser Himmelsrichtung. Hängen Sie das Shri-Yantra außen über der Tür zum Abstellraum auf.

- *Müll im Norden:* Müll ist im Südwesten, Westen, Süden oder Nordwesten gut aufgehoben, auf keinen Fall jedoch im Nordosten, Norden oder Osten. Hängen Sie ein spirituelles Mond-Yantra im Norden des Hauses auf (falls der Müll nicht entfernt werden kann).

- *Hohe Bäume im Norden:* Falls die Bäume mehr als zweimal so weit vom Haus entfernt stehen, wie sie hoch sind, ist ihr Einfluss kein großes Problem. Stehen sie jedoch zu nah am Gebäude, dann ist es besser, die Bäume zu fällen und an einer anderen Stelle neue zu pflanzen. Im Westen, Süden und Südwesten sind hohe Bäume äußerst willkommen. Stärken Sie die energetischen Eigenschaften zusätzlich durch einen Teich oder andere Arrangements mit frischem Wasser.

- *Keine Mondfenster:* Schaffen Sie, wenn irgend möglich, ein Mondfenster. Sollte das ausgeschlossen sein, hängen Sie ein spirituelles Mond-Yantra auf.

- *Mondfenster in schlechtem Zustand:* Verbessern Sie den Zustand des Mondfensters.

- *Unpassende Funktion hinter den Mondfenstern, etwa ein Abstellraum, eine Toilette, ein dunkler Raum, Müll usw.:* Ändern Sie die Raum-Funktion. Ist das nicht möglich, bringen Sie ein spirituelles Mond-Yantra im jeweiligen Fenster an. Das Yantra sollte am besten transparent sein.

- *Anstieg des Geländes in Richtung Norden:* Kleinere Gefälle können leicht abgetragen werden, mit größeren natürlichen Gefällen muss man leben. Zum Ausgleich schaffen Sie im Norden des Grundstücks am besten einen Teich oder ein anderes Wasser-Arrangement. Halten Sie den Norden ansonsten möglichst leicht, gestalten Sie den Süden möglichst schwer und geschlossen.

- *Der höchste Punkt im Gebäude liegt im Norden:* Schaffen Sie im Westen oder Südwesten zusätzlich einen höheren Punkt. Ist das nicht möglich, bringen Sie das spirituelle Sonnen-Yantra in der Mitte der östlichen Wand auf Herzhöhe an.

- *Kein Platz auf dem Grundstück im Norden:* Halten Sie den Süden möglichst schwer und geschlossen, um auf dieser Achse kein allzu großes Ungleichgewicht entstehen zu lassen. Liegt im Süden ein sehr großer Garten, trennen Sie diesen mit Hilfe einer Hecke, eines kleinen Zaunes oder einer anderen Bepflanzung vom Haus ab.

- *Der Norden des Hauses wird nicht zum Aufenthalt genutzt:* Ändern Sie das unbedingt. Nutzen Sie den Norden am besten zum Meditieren, für Yoga-Übungen, als Büro, zum Lesen, Studieren oder zum Entspannen.

Mars und das Mars-Yantra

Unter den neun Planeten steht Mars für die Kraft und Energie, die einem Menschen zur Verfügung stehen, für seine Motivation und sein Durchsetzungsvermögen. In der Liebe und der Partnerschaft zeigt sich ein starker Mars daher in Leidenschaft und intensiv gelebter Sexualität. Er symbolisiert die männliche Kraft und Energie und neigt daher auch zu Aggressivität und Gewalt - gerade in leidenschaftlichen Beziehungen, in denen Sexualität im Vordergrund steht. Werden die starken männlichen Energien von Mars jedoch unterdrückt und blockiert, indem beispielsweise sexuelle Bedürfnisse unausgesprochen bleiben, gar nicht erst gelebt werden, kann es ebenfalls zu Aggressivität und Gewalt in der Beziehung oder ihrem Umfeld kommen. Die Beherrschung der Sexualität wird ebenfalls von Mars repräsentiert. Dies ist allerdings nur dann als positiv zu betrachten, wenn diese Energie für ein höheres Ziel genutzt wird, beispielsweise um anderen zu helfen oder zu dienen.

In den Traditionen des Yogas zum Beispiel wird die sexuelle Energie von Mars bewusst *nicht* auf der physischen Ebene eingesetzt, sondern durch verschiedene körperliche Übungen und mentale Praktiken in feinstoffliche Energie umgewandelt, die spiritueller Erkenntnis zugute kommt. So leben viele Yogis und spirituell Praktizierende bewusst in sexueller Enthaltsamkeit, um ihre Kraft und Energie ganz auf das spirituelle Ziel zu richten, das sie sich gesteckt haben.

Mars ist dem warmen Süden zugeordnet; im Haus wird diese Energie vor allem durch die Küche, offenes Feuer und die Heizung repräsentiert. Deshalb ist die Küche am besten im Südosten aufgehoben, denn diese Himmelsrichtung wird von Venus beherrscht. Hierdurch verbindet sich das männliche Prinzip der Energie (Mars) mit dem weiblichen Prinzip der Liebe (Venus). Die aggressive Kraft von Mars wird durch eine Kochstelle im Südosten ideal durch den sanften Einfluss von Venus ausgeglichen. Die feurige Qualität von Mars dient hier der Energetisierung der Speisen, während die Kraft von Venus dafür sorgt, dass diese wohlschmeckend und bekömmlich sind.

Nicht vorteilhaft wäre es aus dem gleichen Grund, die Küche im Süden zu platzieren. Da der Süden wie die Küche von Mars beherrscht wird, ergibt sich so eine doppelte Präsenz der männlichen Mars-Energie in der Küche, was sich vor allem störend auf die Frauen auswirkt, die die Küche benutzen. Außerdem leiden die Speisen unter der zu starken Feuer-Energie von Mars. In den Beziehungen des Hauses mag es daher besonders hitzig zugehen und häufig zu Streit kommen. Besonders beim Essen kann keine harmonische Atmosphäre aufkommen. Das Gleiche gilt, wenn die Küche im Osten des Hauses liegt, der von der Sonne, einem anderen stark männlich geprägten Planeten, beherrscht wird. Besser ist die Küche noch im Nordwesten aufgehoben, da hier der Mond zu Hause ist. Der Mond und die den Südosten beherrschende Venus besitzen weibliche Energie und stehen beide für die Mutter. Diese Kombination von Mond und Mars führt zu einem Ausgleich der männlichen und weiblichen Energien in der Küche.

Die folgende Liste führt die Defekte des Wohnraums auf, die mit dem Planeten Mars in Verbindung stehen. Gleichzeitig werden geeignete Korrekturmittel aufgezeigt:

- *Küche im Süden des Hauses:* In diesem Fall sollte der Herd unbedingt im Südosten der Küche stehen. Wichtig ist außerdem, das Spülbecken im Osten oder Norden unterzubringen. Über dem Eingang zur Küche sollten Sie das spirituelle Venus-Yantra aufhängen, um die ausgleichende weibliche Energie von

Venus einzubringen. Über dem Herd sollte gleichzeitig ein spirituelles Mars-Yantra angebracht werden, um den doppelt feurigen Einfluss von Mars umzuwandeln und abzuschwächen. Besser wäre es natürlich, wenn Sie die Küche in den Südosten des Hauses verlegen könnten.

- *Küche im Osten des Hauses:* Hier ist es ebenfalls wichtig, den Raum, in dem die Nahrung zubereitet wird, optimal einzurichten. Der Herd gehört in den Südosten und die Spüle in den Osten oder Norden des Raums. Über dem Herd sollte ein spirituelles Mars-Yantra angebracht werden, während über der Eingangstür zur Küche ein spirituelles Sonnen-Yantra aufgehängt werden sollte.

- *Küche im Westen des Hauses:* Da der Westen von Saturn beherrscht wird, der die Energie von Mars blockiert und staut, ist die Küche im Westen sehr ungünstig gelegen. Es empfiehlt sich, diese in den Südosten oder Nordwesten zu verlegen. Ist das nicht möglich, sollten Sie über der Tür zur Küche ein spirituelles Saturn-Yantra anbringen und über dem Herd ein spirituelles Mars-Yantra. Auch hier sollte man die Küche so einrichten, wie in den beiden vorangehenden Absätzen beschrieben.

- *Küche im Südwesten des Hauses:* Hier ist die Küche ebenfalls nicht gut aufgehoben, da die Energie von Rahu, der den Südwesten beherrscht, die Zubereitung des Essens negativ beeinflusst. Es mag daher häufig zu Verdauungsproblemen und Nahrungsmittelunverträglichkeiten kommen. In den Beziehungen kann es Streit und Manipulation geben. Die Küche sollte daher in den Südosten oder Nordwesten verlegt werden. Ist das nicht möglich, dann sollten Sie über der Eingangstür zur Küche ein spirituelles Venus-Yantra aufhängen und über dem Herd ein spirituelles Mars-Yantra. Ein spirituelles Schutz-Yantra sollte „Rücken an Rücken" mit einem spirituellen Rahu-Yantra im Südwesten der Küche aufgehängt werden, wobei das spirituelle Rahu-Yantra nach außen schaut, während das Schutz-Yantra mit dem Bild zur Wand angebracht wird.

- *Große Fenster im Süden des Gebäudes:* In diesem Fall ist die Mars-Energie aus dem Gleichgewicht geraten, sodass es zu Streit und Auseinandersetzungen in den Beziehungen kommen kann. Zum Ausgleich hängen Sie an den betreffenden Fenstern Vorhänge in Königsblau, Weiß oder Gelb auf. Außerdem hilft es, den Süden zusätzlich mit Pflanzen oder Möbelstücken zu beschweren und den Norden des gleichen Raums gleichzeitig möglichst leicht und offen zu gestalten. Im Norden des Raums sollten Sie ein Arrangement mit Wasser platzieren. Naturbilder und grüne Pflanzen sind hier ebenfalls hilfreich. In den betreffenden Süd-Fenstern sollten Sie jeweils ein transparentes spirituelles Mars-Yantra anbringen, falls möglich in Höhe des Bauches, der das energetische Zentrum des Körpers beherbergt.

Merkur und das Merkur-Yantra

Merkur ist der Vermittler unter den Planeten. Er steht für Kommunikation, Sprache, das Äußern von Meinungen und das gegenseitige Verstehen. In einer Beziehung ist Merkur daher von großer Bedeutung, denn Kommunikation ist die Grundlage jeder Beziehung. Ist sein Einfluss im Haus geschwächt, so kann es zu Missverständnissen, Streit und dem Gefühl kommen, dass man vom anderen nicht verstanden wird.

Merkur beherrscht den Norden, die Gästezimmer und alle Bereiche, die das Äußere des Gebäudes mit dem Inneren verbinden, wie der Eingangsbereich, Terrassen, Balkone usw. Die Eigenschaften des Wohnraums in diesen Bereichen beeinflussen, wie Merkur sich im Leben der Menschen manifestiert. Vor allem die Eigenschaften des Nordens entscheiden über die Merkur-Qualität im Wohnraum. Ist der Norden ausreichend durch Fenster und Türen geöffnet und nicht durch hohe Bäume oder Gebäude verstellt, dann ist der Einfluss von Merkur positiv und stark. Das wirkt sich förderlich auf die Kommunikation und das gegenseitige Verständnis in den Beziehungen aus. Ist der Norden hingegen geschlossen, fensterlos oder durch schwere Möbelstücke verstellt, so mag es gerade in diesen Lebensbereichen Probleme geben.

Im Folgenden finden Sie Defekte des Wohnraums, die mit dem Planeten Merkur in Verbindung stehen, und geeignete Korrekturmittel aufgeführt:

- *Keine Fenster im Norden:* Der Norden sollte leicht und frei gestaltet werden. Auf keinen Fall sollte die Nordwand mit schweren Möbeln verstellt werden. Am besten stellen Sie hier Pflanzen auf oder bringen Naturbilder mit grüner Landschaft und Wasser an, die diese Himmelsrichtung energetisch aufwerten. Auf der spirituellen Ebene kann man den Norden – und damit Merkur – stärken, indem man hier das spirituelle Merkur-Yantra platziert, das auch als „Buddha-Yantra" bezeichnet wird.

- *Schwere Möbel im Norden:* In diesem Fall sollten Sie dafür sorgen, dass der Norden leichter und freier wird. Lässt sich das schwere Möbelstück wirklich nicht aus dem Norden entfernen, sollte darauf ein spirituelles Merkur-Yantra angebracht werden.

- *Küche im Norden:* Da die Küche von Mars beherrscht wird, der sich mit Merkur nicht besonders gut verträgt, wird Merkur ebenfalls negativ beeinflusst. Mars im Norden mag in Gesprächen und anderen Kommunikationsformen immer wieder zu Streit und Missverständnissen führen. Falls Sie die Küche nicht in den Südosten oder Nordwesten verlegen können, sollten Sie den Herd in den Südosten der Küche stellen und über dem Herd ein spirituelles Mars-Yantra aufhängen, um seinen Einfluss umzuwandeln. Außen über der Tür zur Küche kann ein spirituelles Merkur-Yantra angebracht werden.

- *Gästezimmer im Südwesten:* Obwohl der Südwesten zum Schlafen gut geeignet ist, gibt er Gästen ein zu großes Gewicht.

So kann durch ein Gästezimmer im Südwesten Stress oder Streit mit Gästen entstehen. Bringen Sie Gäste also nicht im Südwesten unter, wenn Sie es vermeiden können. Ist das nicht möglich, so sollte im Südwesten des Raums ein spirituelles Rahu-Yantra angebracht werden und über dem Gästebett ein spirituelles Venus-Yantra. Außen über der Tür ein spirituelles Merkur-Yantra anzubringen kann hilfreich sein.

Jupiter und das Jupiter-Yantra

Jupiter steht im Leben eines Menschen für all die Bereiche, in denen er wächst. Wachstum geschieht häufig durch Geschenke, die man von anderen oder vom Leben selbst erhält. All diese Zuwendungen werden ebenfalls Jupiter zugeordnet. Dieser Planet steht für den Reichtum eines Menschen und für das Prinzip, das die Ordnung in seinem Leben erhält. Je nachdem, wie weit man spirituell entwickelt ist, handelt es sich hier um ein anderes Prinzip: Es kann das Geld sein, das die Ordnung im Leben bestimmt, oder es sind die zeitlosen Prinzipien des Dharmas oder das spirituelle Streben des Menschen. Daher reicht der Einflussbereich von Jupiter vom Bankkonto bis in den Bereich von Religion und Spiritualität. Jupiter hat einen starken positiven und segnenden Einfluss in unserem Leben. Da Kinder auch Wachstum bedeuten, werden sie ebenfalls Jupiter zugeordnet. Sie sind das Geschenk, das man dem Leben zurückgibt für all die Gaben, die man erhalten hat.

Im Haus wirkt Jupiter vor allem im Nordosten, der Richtung mit den hochwertigsten Energien. Der Nordosten gilt als Tor der Energien zum Raum und als Kopf des Energiefeldes, da dessen Ordnung und Kohärenz* von den Eigenschaften des Raums im Nordosten abhängen.

Ist der Nordosten auf einem Grundstück oder in einem Haus oder Raum leicht, offen und sauber, so kann Jupiter im Raum seine volle positive Kraft manifestieren. Das wirkt sich auf das Leben der Menschen und auch auf deren Beziehungen sehr positiv aus. Letztere gewinnen an Klarheit und werden gefestigt. Beziehungen sind von den Prinzipien des Dharmas geleitet, da Jupiter auch für Moral steht. Das Gefühl, in seiner

* Die Kohärenz eines Energiefeldes ist ein Meßstab dafür, wie gut die Schwingungen seiner Teilbereiche miteinander harmonieren.

Partnerschaft und in der Familie am richtigen Platz zu sein, bringt unter dem positiven Einfluss von Jupiter Glück und Zufriedenheit.

Der positive Jupiter-Einfluss des Nordostens mag dazu führen, dass die Einzelnen ihr Glück und ihre Zufriedenheit stärker in dem Glück des anderen erfahren als in ihrer nur auf sich selbst bezogenen Zufriedenheit. Auf Kinder wirkt sich der positive Einfluss eines starken Nordostens ebenfalls förderlich aus. Die Zeugung und Geburt von Kindern wird genauso gefördert wie deren Entwicklung. Ist der Nordosten blockiert, weil es ihm an Fenstern mangelt, oder ist er durch schwere Gegenstände oder Gebäudeteile verstellt, so mögen Probleme in der Schwangerschaft, ungewollte Kinderlosigkeit oder Schwierigkeiten in der Entwicklung der Kinder die Folge sein. Neben dem Nordosten beherrscht Jupiter das Kinderzimmer und den Meditationsbereich.

Hier finden Sie Defekte des Wohnraums, die den Einfluss von Jupiter im Wohnraum schwächen, und Maßnahmen zur Korrektur aufgelistet:

- *Toilette im Nordosten:* Dies ist einer der schwersten Defekte im Vasati. Die positiven Energien des Nordostens werden durch die Toilette verunreinigt. Die im Nordosten einfließenden Energien tragen diese Qualität ins ganze Haus. Die Kohärenz und Ordnung des Energiefeldes leidet. Die Toilette mag sich hier gesundheitlich negativ auswirken und kann die Entwicklung der Kinder beeinträchtigen. In Beziehungen kann es häufig zu Missverständnissen kommen. Klarheit und Treue mögen beeinträchtigt werden. Um diesen Folgen entgegenzuwirken, wäre es am besten, die Toilette aus dem Nordosten zu entfernen oder sie einfach nicht mehr zu benutzen. Ist das nicht möglich, so können Sie außen über der Toilettentür zwei Yantras übereinander anbringen: Das Bild des spirituellen Ketu-Yantras zeigt zur Wand, das des spirituellen Jupiter-Yantras ist zum Flur hin gerichtet. Das spirituelle Ketu-Yantra gleicht den negativen Einfluss der Toilette aus, während das spirituelle Jupiter-Yantra den Planeten Jupiter vor diesen Angriffen schützt.

- *Abstellraum im Nordosten:* Ein Abstellraum im Nordosten blockiert ebenfalls den freien Zufluss der Lebensenergie aus dem Nordosten und stört die Kohärenz des gesamten Energiefeldes im Gebäude. Insbesondere das Wachstum und die Entwicklung der Menschen kann hierdurch blockiert werden, was sich vor allem auf Kinder negativ auswirken kann. Da der Nordosten für die Zukunft steht, kann ein Abstellraum hier dazu führen, dass die Zukunftsperspektiven für einige Bewohner blockiert zu sein scheinen. Deshalb sollten Sie einen Abstellraum im Nordosten in jedem Fall ausräumen und anders nutzen. Ist das nicht möglich, weil er beispielsweise zu klein ist oder kein Fenster hat, können Sie ihn einfach leer stehen lassen oder einen kleinen Meditationsbereich einrichten, einen Altar aufstellen. Gelbe Farbtöne und das spirituelle Jupiter-Yantra können helfen, den Defekt auszugleichen.

- *Fehlbereich im Nordosten:* Stellt der Nordosten im Grundriss des Hauses oder der Wohnung einen Fehlbereich dar, so ist der Einfluss von Jupiter im Leben der Bewohner geschwächt. Dies kann sich im finanziellen Bereich ungünstig auswirken, aber auch gesundheitliche Schwierigkeiten mit sich bringen. Das Energiefeld des Hauses mag konfus sein, die Entwicklung der Kinder kann ungünstig beeinflusst werden und die Menschen können mit ihrer eigenen spirituellen Entwicklung unzufrieden sein. Um einen solchen Fehlbereich auszugleichen, können Sie die Wände im Nordosten gelb streichen. Außerdem bringen Sie am besten ein spirituelles Jupiter-Yantra im Nordosten oder einen Spiegel an den betreffenden Wänden im Nordosten an, um den Raum in Richtung Norden und Osten virtuell zu erweitern.

Venus und das Venus-Yantra

Venus ist für Beziehungen einer der wichtigsten Planeten. Sie steht für Liebe, Mitgefühl, Schönheit, Weiblichkeit, Wohlbefinden, Kreativität, Komfort und Genuss. Gemeinsam mit Mars und Jupiter bildet sie das sogenannte „Hochzeits-Dreieck". Venus und Mars stehen für Frau und Mann, während Jupiter den Priester darstellt, der die Hochzeit segnet. Jupiter symbolisiert aber nicht nur den Priester, sondern auch die moralischen Grundsätze, auf deren Grundlage zwei Menschen ihre Beziehung durch die Ehe festigen wollen. Solche Grundsätze sind etwa Treue, Verlässlichkeit, gegenseitige Hilfe und Unterstützung, das Teilen des Besitzes und die gemeinsame Verantwortung für den Nachwuchs.

Und so ist es für die Partnerschaft sehr wichtig, dass die Einflüsse von Mars, Venus und Jupiter im Wohnraum stark sind und keine schwerwiegenden Defekte aufweisen. Das betrifft in erster Linie den Süden, den Südosten und den Nordosten, aber auch die Raumfunktionen, die von Mars, Venus und Jupiter beherrscht werden – wie Küche, Schlafzimmer und Kinderzimmer. Die energetischen Eigenschaften dieser Himmelsrichtungen und Raumfunktionen bestimmen, wie sich die Qualität des Wohnraums auf die Beziehungen der Menschen auswirkt.

Venus beherrscht im Wohnraum den Südosten, steht jedoch gleichzeitig mit Schlafzimmer, Essbereich, Wohnzimmer und mit der Garage in Verbindung. Alle Bereiche, in denen man es sich gemütlich macht und einfach genießt, werden von diesem Planeten beherrscht. Weisen diese Bereiche oder der Südosten energetische Defekte auf, so werden diese Lebensbereiche negativ beeinflusst. Liebe, Genuss, Lebensfreude, die Freude an allem Schönen und die Fähigkeit, seine Umgebung schön zu gestalten, hängen mit den energetischen Eigenschaften dieser Venus-Aspekte des Wohnraums zusammen. Venus steht außerdem für Klarheit und Kreativität. Mit einer starken Venus ausgestattet, wirkt ein Mensch auf andere klar und bestimmt. Das beugt Missverständnissen auch in Beziehungen vor.

Im Folgenden finden Sie eine Liste der Defekte des Wohnraums, die den Einfluss von Venus schwächen, und Korrekturmittel, um sie auszugleichen:

- *Aquarium oder Wasser im Südosten:* Im Südosten löscht Wasser das Element Feuer. So können gesundheitliche Schwierigkeiten verursacht werden, die mit einem gestörten Feuer-Element in

Zusammenhang stehen – wie Verdauungsstörungen, Allergien, Leberschwäche, Infektionen, Fieber usw. Die Partnerschaft wird möglicherweise ebenfalls negativ beeinflusst, da das Feuer der Liebe oder Leidenschaft gelöscht wird. Vielleicht kochen die Emotionen (Wasser) durch den Einfluss des Elements Feuer (Südosten) hoch, sodass es zu Streit und Missverständnissen kommt. Am besten entfernen Sie das Wasser aus dem Südosten. Befindet sich hier jedoch ein Bad, das sich nicht verlegen lässt, sollten Sie außen über der Badezimmertür ein spirituelles Venus-Yantra anbringen.

- *Schlafzimmer im Südosten:* Das Feuer des Südostens stört den gesunden Schlaf. Um diesen Defekt auszugleichen ist es am besten, wenn Sie den Schlafplatz in eine andere Himmelsrichtung verlegen. Ist das nicht möglich, dann können Sie ein spirituelles Venus-Yantra über dem Kopfende des Bettes anbringen. Es kann entweder an der Wand oder am Kopfteil des Bettes in Höhe des Kopfes des Schlafenden aufgehängt werden.

- *Haupteingang im Südosten:* Ein Haupteingang im Südosten verursacht eine Störung des Elements Feuer und der Venus. Streit, Konflikte, Betrug und Feindschaft mögen die Folge sein, aber auch finanzielle Verluste. Zum Ausgleich sollten Sie innen über dem Haupteingang ein spirituelles Venus-Yantra und ein spirituelles Schutz-Yantra anbringen. Das Schutz-Yantra weist hierbei mit dem Bild zur Wand, also nach außen, das spirituelle Venus-Yantra wird darauf mit dem Bild zum Flur platziert.

- *Fehlbereich im Südosten:* Fehlt im Grundriss ein Teil des Südostens, so sind ebenfalls Venus und das Element Feuer geschwächt. Das kann zu Problemen im gesundheitlichen Bereich oder in Beziehungen führen. In einem solchen Haus mag ein Mann ständig Probleme mit Frauen haben. In einer Partnerschaft mag sich die Frau benachteiligt oder sogar unterdrückt fühlen. Zum Ausgleich sollten Sie im Südosten an der Wand zum Fehlbereich ein spirituelles Venus-Yantra aufhängen. Spiegel können an der Wand im Osten des Fehlbereichs angebracht werden, um den Raum virtuell zu erweitern. Außerdem können Sie die Wände hier in Blau, der Resonanzfarbe von Venus, streichen.

Saturn und das Saturn-Yantra

Saturn wird von vielen gefürchtet, da er für die Härte des Lebens und des Schicksals steht. Er ist der große Lehrer, der uns zwingt, uns mit der Wirklichkeit auseinanderzusetzen, wie sie ist. Er sorgt dafür, dass die Naturgesetze eingehalten werden, und weist uns immer wieder auf die Bereiche in unserem Leben hin, in denen wir noch bestimmte Aufgaben zu erledigen haben. Er repräsentiert Disziplin, Verantwortung, Pflicht und Ordnung. Und er besteht darauf, dass wir Dinge, die wir einmal angefangen haben, auch zu Ende bringen. Er symbolisiert die Zeit und das Gesetz des Karmas – er zwingt uns daher, uns mit den Folgen unseres Handelns auseinanderzusetzen.

Im Haus sind Saturn der Abstellraum und der Abfall zugeordnet. Sein Einfluss ist dort groß, wo hart gearbeitet wird. Eine Werkstatt steht daher ebenso unter dem Einfluss von Saturn wie eine Fabrik, in der Metalle oder Holz verarbeitet werden. Unter den Himmelsrichtungen beherrscht Saturn den Westen – die Richtung, in der die Sonne untergeht und damit der Tag zu Ende geht. Ein negativer Saturn-Einfluss manifestiert sich überall dort, wo Dinge nicht zum Abschluss gebracht werden: Baustellen oder nicht aufgeräumte Bereiche erzeugen also negative Saturn-Einflüsse. Sind die Saturn zugeordneten Bereiche des Hauses beeinträchtigt, mag eine verstärkte Tendenz zu Trennungen oder Scheidungen in Partnerschaften bestehen.

Im Folgenden finden Sie energetische Defekte des Wohnraums, die mit Saturn in Zusammenhang stehen, und Möglichkeiten zu ihrer Korrektur:

- *Abstellraum im Osten, Nordosten oder Norden:* Ein Abstellraum in einer dieser Himmelsrichtungen sollte unbedingt vermieden werden, da hier der Zufluss der Lebensenergie blockiert wird.

Am besten ist hier, Sie räumen den Abstellraum sofort aus. Zusätzlich sollte das der jeweiligen Richtung entsprechende Yantra aufgehängt werden (im Norden das Shri-Yantra, im Nordosten das spirituelle Jupiter-Yantra, im Osten das spirituelle Sonnen-Yantra etc.; siehe Abbildung 7, Seite 60)

- *Westen zu stark geöffnet:* Mit negativen Saturn-Einflüssen müssen die Hausbewohner rechnen, wenn sich im Westen große Fensterflächen befinden. Dann hängen Sie ein transparentes spirituelles Saturn-Yantra in den Fenstern auf oder stellen große Pflanzen in die betreffenden Fenster und hängen Vorhänge auf.

- *Gefälle in Richtung Westen:* Fällt das Grundstück in Richtung Westen ab, so ist ebenfalls ein negativer Saturn-Einfluss anzunehmen. Als Ausgleich pflanzen Sie im Westen hohe Bäume, platzieren schwere Steine und bringen in den in Richtung Westen weisenden Fenstern spirituelle Saturn-Yantras an.

Rahu und das Rahu-Yantra

Rahu repräsentiert vor allem den Wunsch, das Leben in seiner ganzen Vielfalt zu genießen und zu erfahren. Hierbei achtet er nicht auf die Interessen und Bedürfnisse anderer und überschreitet daher häufig die durch Moral und Dharma gesetzten Grenzen. Sein Einfluss kann den Menschen vom Pfad der Tugend abbringen und ihn gegen seine eigenen und die Interessen anderer nach der Erfüllung seiner Wünsche streben lassen. Gier und Manipulation sind daher oft Begleiterscheinungen eines negativen Rahu-Einflusses. Sie sind in Beziehungen besonders gefährlich, da sie die betreffende Person für die Bedürfnisse und Gefühle des anderen taub machen. Unter dem Einfluss von Rahu versucht man die anderen für die eigenen Interessen zu benutzen.

Rahu kann den Wunsch nach sexuellen Abenteuern außerhalb der Partnerschaft oder nach häufigem Wechsel der Lebenspartner erzeugen. Er beherrscht den Südwesten und ist im Keller und in allen Bereichen gegenwärtig, die dunkel und unheimlich sind. Außerdem stehen alle

Arten negativer feinstofflicher Wesenheiten und Energien unter dem Einfluss von Rahu.

Im Folgenden finden Sie energetische Defekte des Wohnraums, die mit Rahu in Zusammenhang stehen, und Maßnahmen, die Ihnen helfen, diese auszugleichen:

- *Keller im Südwesten:* Der Südwesten sollte schwer und geschlossen sein, um den negativen Einfluss von Rahu möglichst gering zu halten. Ist der Südwesten unterkellert, so ist das Gegenteil der Fall. Der offene unterirdische Raum im Südwesten stärkt die negativen Kräfte von Rahu und mag daher den Einfluss von feinstofflichen Wesenheiten im Haus vermehren. Es kann zu Missverständnissen und Streit in den Beziehungen kommen. Der Hausherr entwickelt möglicherweise die Tendenz, die anderen zu manipulieren und zu beherrschen. Um einen solchen Defekt auszugleichen, sollten Sie den südwestlichen Teil des Kellers ausschließlich als Lager benutzen und diesen Bereich möglichst voll und schwer gestalten. Auf keinen Fall sollten Sie hier feiern, arbeiten oder Kinder spielen lassen. In der südwestlichen Ecke sollten ein spirituelles Schutz-Yantra und ein spirituelles Rahu-Yantra aufgehängt werden.

- *Unterirdisches Wasser im Südwesten:* Hierbei handelt es sich um einen der schwersten Vasati-Defekte. Das Wasser eines Swimmingpools im Südwesten verstärkt die Probleme, die im vorhergehenden Abschnitt erwähnt wurden. Sie sollten das Wasser ablassen und den Pool als „Abstellraum" verwenden, mit Holz abdecken und ihm so eine eine andere Nutzung zukommen lassen, die mit der Qualität des Südwestens in Einklang steht. Zusätzlich empfiehlt es sich, ein spirituelles Schutz- und das spirituelle Rahu-Yantra anzubringen.

- *Teich oder Gewässer im Südwesten:* Befindet sich das südwestlich gelegene Gewässer über der Erde, ist die im letzten

Abschnitt beschriebene Wirkung ein wenig abgeschwächt, jedoch immer noch deutlich vorhanden. Hier können emotionale und psychische Irritationen und Depressionen auftreten. Gerade Beziehungen und Partnerschaft leiden darunter. Zum Ausgleich sollten Sie im Südwesten des Gebäudes in einem Fenster das Schutz-Yantra und das spirituelle Rahu-Yantra in transparenter Form anbringen. Wenn möglich, schütten Sie das Gewässer im Südwesten zu.

- *Haupteingang im Südwesten:* Da der Südwesten stark und geschlossen sein sollte, ist ein Haupteingang dort besonders fehl am Platz. Er zeigt an, dass den Menschen im Haus die Unterstützung durch die männliche Ahnenfolge fehlt, die dem Südwesten zugeordnet ist. Hierdurch mangelt es den Bewohnern an Kraft und Rückhalt, um positiv in die Zukunft gehen und ihren Beitrag leisten zu können. Auch die Zeugung und Geburt von Kindern wird dadurch erschwert. Im ganzen Gebäude mag ein verstärkter negativer Rahu-Einfluss spürbar werden, der die Beziehungen belastet. Es kann in den Beziehungen der hier lebenden Menschen zu Abhängigkeiten kommen, die die Entwicklung des Einzelnen einschränken. Um diesen Defekt auszugleichen, schließen Sie diesen Eingang am besten und verlegen ihn in eine vorteilhafte Richtung. Ist das nicht möglich, dann sollten Sie dort ein Schutz-Yantra, ein spirituelles Sonnen- und Jupiter-Yantra anbringen.

- *Gefälle in Richtung Südwesten:* Im Südwesten sollte der höchste Punkt des Grundstücks und des Gebäudes sein. Ist das nicht der Fall, kann sich ebenfalls ein negativer Rahu-Einfluss manifestieren. Zum Ausgleich schütten Sie den Südwesten mit Erde auf und pflanzen dort entweder hohe Bäume oder legen einen Steingarten an. Weiterhin hängen Sie in einem südwestlichen Fenster des Gebäudes ein Schutz-Yantra und das spirituelle Rahu-Yantra in transparenter Form auf.

- *Große Fensterflächen im Südwesten:* Hierdurch steigt der negative Rahu-Einfluss. Große Pflanzen in großen Erdtöpfen im Südwesten und Vorhänge in den Fenstern können zum Ausgleich verwendet werden. Außerdem sollten Sie in den Fenstern das Schutz-Yantra und ein spirituelles Rahu-Yantra anbringen.

Ketu und das Ketu-Yantra

Ketu stellt im Leben eines Menschen die karmische Verbindung zur Vergangenheit her. Er steht für die Bereiche unseres vorigen Lebens, die uns auch in diesem Leben wieder als Herausforderungen und Aufgaben begegnen. Er zeigt auf, welche Dinge wir im letzten Leben missbraucht haben mögen. Diese begegnen uns in der jetzigen Inkarnation wieder, damit wir sie jetzt richtig – das heißt zum Wohl anderer – einsetzen können. Ketu weist uns auf einmalige Chancen hin, die wir auf keinen Fall ungenutzt verstreichen lassen sollten.

Das trifft insbesondere auf engere Beziehungen zu, da diese häufig karmischer Natur sind. Unserem Lebenspartner sind wir in den meisten Fällen in diesem Leben nicht zum ersten Mal begegnet. Häufig verbindet uns mit ihm eine lange Geschichte von Begegnungen über mehrere Leben hinweg. Das ist der Grund, warum sich in vielen Fällen Partnerschaft und Ehe so schwierig gestalten. Jetzt können wir karmische Aufgaben und Konflikte lösen, denen wir im letzten Leben ausgewichen sind. Das Gleiche gilt für die Beziehungen innerhalb der Familie und zu unseren Kindern. Häufig inkarnieren sich in unserer Familie genau die Personen, mit denen wir wichtige Dinge zu klären haben. Daher ist eben nicht zu erwarten, dass sich gerade unsere engen Beziehungen besonders einfach gestalten, denn genau dort haben wir die schwersten Aufgaben zu lösen, denen wir wahrscheinlich immer wieder ausgewichen sind.

Im Wohnraum beherrscht Rahu gemeinsam mit Jupiter den Nordosten. Er stellt im Horoskop eines Menschen den spirituellsten Einfluss dar, da er uns durch Leid erfahren lässt, dass die materielle Welt nicht unsere letztendliche Zuflucht sein kann. Durch das von Ketu verursachte karmische Leid kann man leicht erkennen, dass man bei einer höheren Instanz Zuflucht suchen sollte. Unter dem Einfluss von Ketu streben die Menschen nach spiritueller Befreiung. Daher beherrscht er die Toiletten und den Ausgang, aber auch lange Gänge und Risse in den Wänden. Auch Katzen und Hunde weisen auf sein Wirken hin.

Der folgende Abschnitt zeigt, welche Defekte Ketu im Wohnraum bewirken und wie man diese ausgleichen kann:

- *Toilette im Nordosten:* Eine Toilette im Nordosten sollte auf keinen Fall benutzt werden. Wenn möglich entfernen Sie sie. Sonst sollten Sie außen über der Toilettentür „Rücken an Rücken" ein spirituelles Ketu-Yantra mit dem Bild zur Wand und ein spirituelles Jupiter-Yantra anbringen, das in den Raum hineinschaut.

- *Hinterausgang im Südwesten:* Hier findet eine Vermischung von Zukunft (Rahu) und Vergangenheit (Ketu) statt. Ein solcher Ausgang sollte nicht benutzt werden. Ist es aber nicht zu vermeiden, sollten Sie innen über dem Ausgang ein spirituelles Schutz-Yantra zusammen mit einem spirituellen Ketu-Yantra anbringen.

- *Toilette direkt links oder rechts vom Eingang:* Hier werden die Sonnen- oder Mondfenster durch den Einfluss von Ketu gestört, was die Männer oder Frauen negativ beeinflussen kann. Zum Ausgleich sollten Sie außen über der Toilettentür das spirituelle Ketu-Yantra mit dem Bild zur Wand und darüber entweder das spirituelle Sonnen-Yantra (im Sonnen-Fenster) oder das spirituelle Mond-Yantra (im Mond-Fenster) anbringen.

Die Beziehung der neun Planeten zueinander

Die Sonne besitzt zu Mond, Mars, Merkur und Jupiter eine positive Beziehung, während sie Saturn, Merkur, Rahu und Ketu negativ gegenübersteht. Will man die Wechselwirkung der Himmelsrichtungen mit

Gegenständen und Raumfunktionen verstehen, so liegt der Schlüssel in der Beziehung, die die Planeten zueinander haben.

In der folgenden Tabelle finden Sie eine Übersicht über die Beziehung, die die neun Planeten zueinander haben. Jedem Planeten sind hierbei Freunde, neutral Gesinnte und Feinde zugeordnet.

Planet	Freunde	Neutrale	Feinde
Sonne	Mond, Mars, Jupiter	Merkur	Saturn, Venus, Rahu, Ketu
Mond	Sonne, Merkur, Venus, Saturn	Mars, Jupiter	Rahu, Ketu
Mars	Sonne, Mond, Jupiter	Venus, Saturn, Merkur	
Merkur	Sonne, Venus	Mars, Jupiter, Saturn	Mond
Jupiter	Sonne, Mond, Mars	Saturn	Merkur, Venus, Rahu, Ketu
Venus	Merkur, Saturn	Mars, Jupiter	Sonne, Mond
Saturn	Merkur, Venus	Jupiter	Sonne, Mond, Mars
Rahu, Ketu	Merkur, Venus, Saturn	Mars	Sonne, Mond, Jupiter

Tabelle 4: Die Beziehung der Planeten zueinander

Beispiel:

Befinden sich im Osten eines Hauses Gegenstände oder Raumfunktionen, die von Saturn beherrscht werden, so wirkt sich die Feindschaft zwischen Saturn und Sonne (siehe Abbildung 6, Seite 52) negativ auf die betroffene Himmelsrichtung und ihre Zuordnungen aus. Saturn wird dem Abstellraum und dem Müll zugeordnet. Ein Abstellraum im

Osten bringt Saturn in die Richtung der Sonne. Die Feindschaft dieser beiden Planeten wirkt sich negativ auf das Energiefeld des Hauses aus. Die Eigenschaften und Personen, die von Sonne und Saturn repräsentiert werden, haben besonders unter diesem Konflikt zu leiden. Hierzu gehören der Vater, für den die Sonne steht, und die älteren Bewohner wie die Großeltern. Außerdem können darunter die Gesundheit und die Willensstärke der Bewohner leiden.

Weitere energetische Korrekturmittel

Das Shri-Yantra

Das Shri-Yantra (siehe Farbtafeln), das der Glücksgöttin Lakshmi – auch Shri genannt – gewidmet ist, enthält eine Kombination aus neun einander durchdringenden Dreiecken mit unterschiedlichen Winkeln und in unterschiedlichen Größen, wobei fünf Dreiecke in eine Richtung weisen und vier weitere in die entgegengesetzte, also nach oben. Hierdurch entstehen nun insgesamt 43 kleinere Dreiecke, deren Spitzen nach außen weisen und von denen jedes einzelne seine eigene energetische Qualität besitzt. Die neun einander durchdringenden Dreiecke symbolisieren den Schöpfungsprozess – wobei die fünf nach unten weisenden Dreiecke für den männlichen Schöpfungsimpuls stehen, der als *Shiva* bekannt ist, während die vier nach oben deutenden Dreiecke die weibliche Schöpfungskraft repräsentieren, die als *Shakti* bekannt ist. Beide zusammen bilden das dynamische Kraftfeld, in dem die kosmische Schöpfung stattfindet.

Das Shri-Yantra wird traditionellerweise angewendet, um die finanzielle Situation zu verbessern und Blockaden der weiblichen Energien aufzulösen. Hierzu ist es wichtig, das Yantra so anzubringen, dass die Grundseite des kleinen Dreiecks im Zentrum entweder nach oben oder nach Osten weist. Im Vasati bietet sich das Shri-Yantra als Korrekturwerkzeug für den Norden an, um dort die weiblichen organischen

Aspekte der Lebensenergie zu stärken und gleichzeitig den finanziellen Fluss zu beleben.

Der amerikanische Physiker Patrick Flannagan, der sich seit Jahrzehnten der wissenschaftlichen Erforschung feinstofflicher Energien widmet, hat dieses Yantra als *The king of power symbols* (Deutsch: König der Kraftsymbole) bezeichnet. Laut seiner Aussage besitzt ein drei Zentimeter großes Shri-Yantra – unabhängig von dem Material, aus dem es besteht – die gleiche energetische Wirkung wie eine zwei Meter hohe Pyramide.

Die Geometrie dieses Yantras lässt sich mit rein mathematischen Mitteln aus einem Dreieck entwickeln, das die Proportionen des goldenen Schnitts enthält. Dieses Dreieck entspricht dem Vertikalschnitt durch die Cheops-Pyramide.

Das Schutz-Yantra

Dieses Yantra (siehe Farbtafeln) schützt vor den negativen Einflüssen der Planeten und störenden Einflüssen aller Art. Richtig angebracht, ist es gut geeignet, um die negative Wirkung von Wasseradern und Hartmann-Gitter-Kreuzungspunkten auszugleichen. Es wirkt auch bei allen Arten von feinstofflichen Störungen, die von Geistern oder negativen Wesenheiten hervorgerufen werden. Störungen, die vom Wasser- und Luftelement herrühren, werden ebenfalls vermindert. Allgemein wirkt es ausgleichend, neutralisierend, beschützend und stärkend.

Hängt man es in Fenstern auf, so lässt man es nach innen und nach außen weisen, je nachdem, woher die negativen Einflüsse kommen: Wollen Sie negative, von außen kommende Einflüsse abhalten, so befestigen Sie das Yantra nach außen schauend. Möchten Sie die Energien im Raum verstärken oder ausgleichen, dann sollten Sie das Yantra nach innen weisend anbringen. Sie können natürlich auch zwei Yantras aufeinander – „Rücken an Rücken" – befestigen, sodass beide Richtungen berücksichtigt werden. In der Raummitte kann das Schutz-Yantra zur Verstärkung der Energien im Zentrum auf dem Boden angebracht werden. Sehr vorteilhaft wirkt es sich auch bei Ein- und Ausgängen aus, die ungünstig liegen (siehe unter „Der Haupteingang des Hauses", Seite 42 ff.), wobei Sie es in einem solchen Fall über der Tür bzw. dem Tor befestigen sollten. Das Schutz-Mantra kann außerdem in Küchen, Werkstätten, Sportstudios, Laboratorien usw. benutzt werden – hier schützt es vor Unfällen. Unter der Kasse oder dem Safe angebracht, schützt es deren Inhalt.

Das Meru-Chakra

Das Meru-Chakra (siehe Farbtafeln) ist im Grunde ein dreidimensional dargestelltes Shri-Yantra. Das Shri-Yantra besteht aus Dreiecken, die in vier Ringen um ein Zentrum herum angeordnet sind. Beim Meru-Chakra sind diese fünf Ebenen in unterschiedlicher Höhe angeordnet. Hierdurch verstärkt sich die räumliche Wirkung des an sich zweidimensionalen Shri-Yantras. So wird das Meru-Chakra zu einem idealen Korrekturwerkzeug, wenn die Raumenergien aus dem Gleichgewicht geraten sind.

Der Vorteil dreidimensionaler Yantras besteht generell darin, dass die energetische Wirkung der zweidimensionalen durch sie in eine direkte Resonanz zum Wohnraum gesetzt wird. Während es entscheidend ist für die Wirkung eines zweidimensionalen Yantras, wo im Raum man es aufhängt, wirkt das hier beschriebene dreidimensionale Yantra von jedem Punkt aus ungefähr gleich stark. Seine Wirkung kann durch die richtige Position im Raum zwar vergrößert werden, doch ist der Unterschied deutlich geringer als bei den herkömmlichen zweidimensionalen Yantras.

Das Meru-Chakra verkörpert die Energie der Glücksgöttin Shri und ist besonders gut geeignet, um die weiblichen Energien im Haus zu stärken. Da die Göttin Shri außerdem für Reichtum und Geld steht, wirkt sich das Meru-Chakra auch sehr positiv auf die Energien des Geld-Bereiches im Norden aus. Wird es im Norden eines Hauses aufgestellt, stärkt es gleichzeitig die weiblichen Aspekte der Lebensenergien, die aus dem Norden einfließen. In Räumen, die keine Nordfenster besitzen, kann es an der nördlichen Wand aufgestellt werden. Im Nordosten kann das Meru-Chakra ebenfalls sehr effektiv eingesetzt werden: Die aus dem Nordosten einfließenden Energien werden durch das Meru-Chakra belebt und harmonisiert.

Tests mit Hautwiderstandsmessungen haben ergeben, dass das Meru-Chakra alle zwölf Meridiane des Körpers harmonisiert und in Einklang bringt. Daher steht es auch am Arbeitsplatz, im Büro, am Computer oder im Wohnzimmer in der Nähe der Sitzgarnitur ideal, um die Energien dieser Bereiche auszugleichen und Spannungen zu neutralisieren. Folgende Defekte des Wohnraums können mithilfe eines Meru-Chakras korrigiert werden:

- *keine ausreichenden Fensterflächen im Nordosten oder ein durch hohe Bäume oder ein hohes Nachbargebäude verstellter Nordosten:* Das Meru-Chakra stärkt die geschwächten organischen Aspekte der Lebensenergie in diesem Bereich.

- *Räume, in denen heilerisch gearbeitet wird oder finanzielle Aktivitäten stattfinden*: Das Meru-Chakra stärkt hier ebenfalls die Lebensenergie.

- *in Geschäftsräumen, vor allem in dem Bereich, wo sich der Safe befindet:* Das Meru-Chakra sollte hier im Norden des Gebäudes beziehungsweise der betreffenden Räume aufgestellt werden.

- *Ist der Nordosten mit abbauenden Energien belastet, etwa mit einem Abstellraum oder einer Toilette, oder ist er zu sehr geschlossen:* Stellen Sie hier ein Meru-Chakra auf. Selbstverständlich sollten in einem solchen Fall zuerst alle anderen Möglichkeiten der Korrektur ausgeschöpft werden.

- *Die weiblichen Energien müssen gestärkt werden:* Stellen Sie das Meru-Chakra im Zentrum Ihres Hauses oder Ihrer Wohnung auf, hier kann es die Energien im ganzen Haus harmonisieren.

- *Wichtig!* Beim Aufstellen des Meru-Chakras ist darauf zu achten, dass die flache Seite des zentralen Dreiecks exakt in Richtung Osten weist. Nur so kann das Yantra seine volle Wirkung entfalten.

Die Vasati-Pyramide

Die Vasati-Pyramide (siehe Farbtafeln) wird meist im Zentrum eines Gebäudes aufgestellt, um von dort aus Vasati-Defekte aller Art zu neutralisieren. Die Vasati-Pyramide ist eine dreidimensionale reliefartige Umsetzung des Vasati-Richtungs-Yantras, in die neun quadratische Vertiefungen eingelassen sind.

In diesen neun Vertiefungen liegen neun Yantras, auf denen jeweils eine cheopsförmige Glaspyramide steht. Die Wirkung eines Yantras wird hier nun durch eine darüber stehende Pyramide in den Raum hineinprojiziert und verstärkt. Besonders stark ist dieser Effekt, da die Glaspyramiden nach dem Vorbild der Cheops-Pyramide geformt sind. Die Cheops-Pyramide enthält ebenso wie das Shri-Yantra und das Meru-Chakra den goldenen Schnitt als die bestimmende Proportion. Zusammenfassend kann die Wirkung der Vasati-Pyramide als eine Kombination aus den im Folgenden aufgeführten vier Faktoren dargestellt werden:

- *Yantras:* Eine dreidimensionale Kombination der zehn wichtigsten Yantras des Vastu entfaltet eine starke Wirkung sowohl im energetischen als auch im karmischen Bereich.

- *Pyramiden:* Die Wirkung der Yantras wird mit der Hilfe von cheopsförmigen Glaspyramiden in den Raum hineinprojiziert und energetisch verstärkt.

- *Mantras:* Das Steinrelief der Grundplatte enthält die Mantras (Schriftzüge) der acht Himmelsrichtungen, wovon eine stark korrigierende Wirkung ausgeht.

- *Weihezeremonie:* Jede Vasati-Pyramide wird in einer traditionellen vedischen Feuerzeremonie geweiht, was ihre feinstofflichen Energien aktiviert. Sie kann dadurch zum Kraftzentrum des ganzen Hauses werden.

Das Nawaratna-Medaillon

Seit Jahrtausenden empfehlen die Veden, die Wirkung der Planeten mit Hilfe eines Nawaratna-Medaillons (siehe Farbtafeln) in Einklang zu bringen. Es kann von jedem Menschen getragen werden, egal welchen Aszendenten sein Horoskop hat. Das Medaillon gleicht die Schwächen der Planeten aus, bringt nach der vedischen Überlieferung Glück, schenkt Frieden und Wohlstand und schützt vor Geistern und Feinden. Es beruhigt außerdem ein erregtes Gemüt, schenkt Erfolg und Ehren und unterstützt den spirituellen Entwicklungsprozess seines Trägers.

Der Nawaratna-Anhänger hat die Form eines Sonnenrades. Der Rubin in seiner Mitte steht für die Sonne, um die acht Planeten kreisen. Jeder Planet wird durch einen Edelstein gestärkt:

- Mond – Perle
- Venus – Zirkon
- Mars – Koralle
- Jupiter – gelber Saphir
- Merkur – Smaragd
- Saturn – blauer Saphir
- Rahu – Hessonit
- Ketu – Katzenauge

Die Lage der Räume im Haus und ihre Auswirkung

Untersucht man die Beziehungen zwischen Planeten genau, so erhält man hilfreiche Informationen darüber, wie sich die unterschiedlichen Raumfunktionen in den acht Himmelsrichtungen auf die Menschen auswirken. Der folgende Abschnitt führt eine solche systematische Analyse durch und gibt – falls notwendig – Korrekturmöglichkeiten mit Hilfe von Yantras an.

Büro im Norden: Merkur und Merkur

Ein Büro liegt im Norden gut, da diese Himmelsrichtung für Geld, Kommunikation und Handel steht. Der doppelte Merkur-Einfluss kann jedoch zu einem intellektuellen Übergewicht führen, wobei für das ebenfalls notwendige intuitive Erfassen und den emotionalen Zugang nicht genügend Raum bleibt. Hierunter können auch die Beziehungen im Büro leiden, die zu stark vom Kopf beherrscht werden, während ihre emotionale Seite zu kurz kommt.

Um dem entgegenzuwirken, ist es ratsam, außen über der Bürotür ein spirituelles Merkur-Yantra und im Nordwesten des Zimmers ein spirituelles Mond-Yantra anzubringen.

Küche im Norden: Mars und Merkur

Die Küche ist im Norden nicht gut aufgehoben – obwohl Mars und Merkur einander neutral gegenüberstehen –, weil der Norden für die durch das Feuer-Element geprägte Küche zu kalt ist. Es fehlt der weibliche Einfluss von Venus oder vom Mond. Daher wirkt sich eine Küche im Norden nicht gut auf die in der Wohnung beziehungsweise im Haus lebenden Menschen aus. Es kommt eventuell zu Streit und Konflikten, die auf der rationalen Ebene ausgetragen werden. Wird die weibliche emotionale Seite stärker betont, können diese Konflikte in den meisten Fällen dann auch leicht gelöst werden.

Zum Ausgleich können Sie außen über der Küchentür ein spirituelles Merkur-Yantra anbringen und über dem Herd ein spirituelles Mars-Yantra. Der Herd sollte sich möglichst im Südosten der Küche befinden, sodass in Richtung Osten oder Süden gekocht wird.

Schlafzimmer im Norden: Venus und Merkur

Venus und Merkur stehen sich freundschaftlich gegenüber. Ein Schlafzimmer im Norden wirkt sich deshalb sehr positiv auf die Kommunikation in den Beziehungen aus.

Sonnen-Yantra

Das spirituelle Sonnen-Yantra kann zur Korrektur von Defekten eingesetzt werden, die mit der Sonne in Zusammenhang stehen. Das gilt vor allem für Vasati-Defekte im Osten eines Gebäudes.

Mond-Yantra

Das spirituelle Mond-Yantra kann zur Korrektur von Defekten eingesetzt werden, die mit dem Mond in Zusammenhang stehen. Das gilt vor allem für Vasati-Defekte im Nordwesten eines Gebäudes.

Mars-Yantra

Das spirituelle Mars-Yantra kann zur Korrektur von Defekten eingesetzt werden, die mit Mars in Zusammenhang stehen. Das gilt vor allem für Vasati-Defekte im Süden eines Gebäudes.

Merkur-Yantra

Das spirituelle Merkur-Yantra kann zur Korrektur von Defekten eingesetzt werden, die mit Merkur in Zusammenhang stehen. Das gilt vor allem für Vasati-Defekte im Norden eines Gebäudes.

Jupiter-Yantra

Das spirituelle Jupiter-Yantra kann zur Korrektur von Defekten eingesetzt werden, die mit Jupiter in Zusammenhang stehen. Das gilt vor allem für Vasati-Defekte im Nordosten eines Gebäudes.

Venus-Yantra

Das spirituelle Venus-Yantra kann zur Korrektur von Defekten eingesetzt werden, die mit Venus in Zusammenhang stehen. Das gilt vor allem für Vasati-Defekte im Südosten eines Gebäudes.

Saturn-Yantra

Das spirituelle Saturn-Yantra kann zur Korrektur von Defekten eingesetzt werden, die mit Saturn in Zusammenhang stehen. Das gilt vor allem für Vasati-Defekte im Westen eines Gebäudes.

Rahu-Yantra

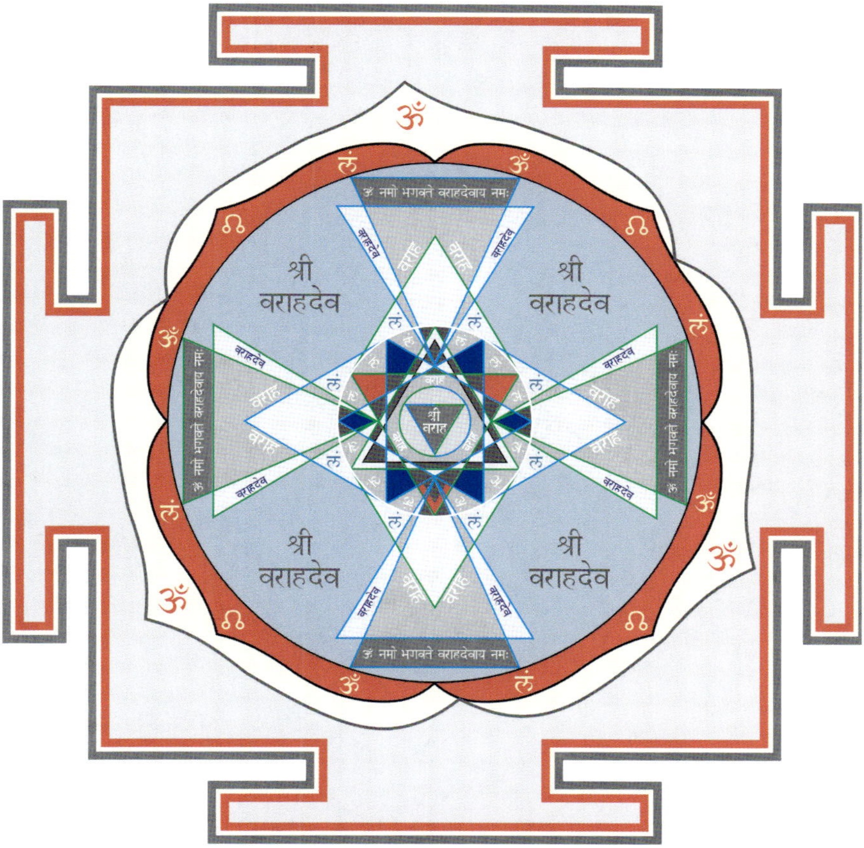

Das spirituelle Rahu-Yantra kann zur Korrektur von Defekten eingesetzt werden, die mit Rahu in Zusammenhang stehen. Das gilt vor allem für Vasati-Defekte im Südwesten eines Gebäudes.

KETU-YANTRA

Das spirituelle Ketu-Yantra kann zur Korrektur von Defekten eingesetzt werden, die mit Ketu in Zusammenhang stehen. Das gilt vor allem für Vasati-Defekte im Nordosten eines Gebäudes.

Schutz-Yantra

Das Schutz-Yantra wirkt punktuell negativen Energien entgegen. Besonders wirksam ist es über falsch liegenden Eingängen, bei Vasati-Defekten im Süden und Südwesten und bei elektrischen Installationen.

Shri-Yantra

Das Shri-Yantra belebt den weiblichen Aspekt der Lebensenergie und fördert auf diese Weise den Geldfluss, die Abwehrkräfte und die geistige Stärke.

Meru-Chakra, Vasati-Pyramide und Nawaratna-Medaillon

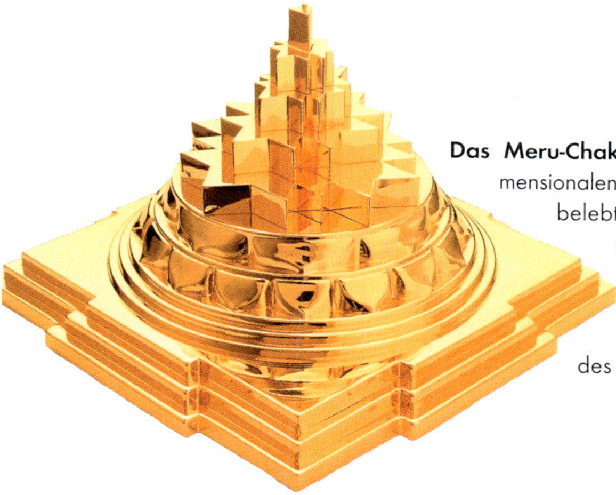

Das Meru-Chakra entspricht der dreidimensionalen Form des Shri-Yantras. Es belebt die Lebensenergie im ganzen Haus, löst Blockaden auf und gleicht vor allem Vasati-Defekte im Norden und Nordosten des Hauses aus.

Die Vasati-Pyramide bringt die Einflüsse aller Planeten-Energien im Haus in Einklang. Zu diesem Zweck wird sie in der Nähe des Zentrums aufgestellt. Sie korrigiert Vasati-Defekte in allen Himmelsrichtungen.

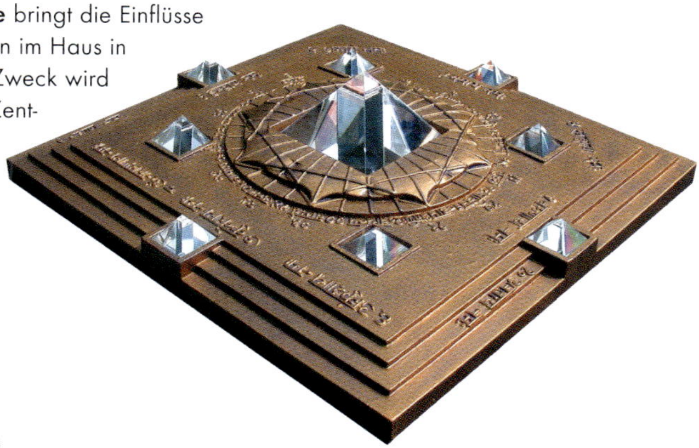

Das Nawaratna-Medaillon enthält die Edelsteine aller neun Planeten. Im Zentrum des Hauses im Boden eingelassen, wirkt es als Seele des Raums.

Kinderzimmer im Norden: Jupiter und Merkur

Jupiter ist der Feind von Merkur. Daher ist ein Kinderzimmer im Norden nicht optimal untergebracht. Es mag zu Problemen in der Kommunikation und beim Lernen kommen. Außerdem kann es sein, dass die Bewohner keinen Spaß verstehen.

Um dem entgegenzuwirken, bringen Sie außen über der Tür zum Kinderzimmer ein spirituelles Merkur-Yantra an und im Nordosten des Raums hängen Sie ein spirituelles Jupiter-Yantra auf.

Badezimmer im Norden: Mond und Merkur

Da Mond und Merkur den Norden beeinflussen, ist ein Badezimmer im Norden akzeptabel. Merkur leidet jedoch unter dem Angriff von Mond, was dazu führen kann, dass der Verstand durch emotionale Schwankungen geschwächt wird. Wechselhafte Emotionen können zu Fehlentscheidungen oder Störungen in der Kommunikation in Beziehungen und in der Partnerschaft führen.

Um dem entgegenzuwirken, bringen Sie außen über der Badezimmertür ein spirituelles Merkur-Yantra an.

Kinderzimmer im Nordosten: Jupiter und Jupiter

Der doppelte Einfluss von Jupiter ist für die Entwicklung von Kindern annehmbar, kann jedoch leicht als „zu viel des Guten" wahrgenommen werden. Da Jupiter vor allem durch Strenge, Objektivität und eine gewisse Kälte wirkt, mögen sich die Kinder dort nicht geborgen und aufgehoben fühlen und unter einem Gefühl der Distanz zu den anderen Hausbewohnern leiden.

Um dem entgegenzuwirken, ist es sinnvoll, im Nordosten des Kinderzimmers ein spirituelles Jupiter-Yantra anzubringen. Über dem Bett sollten Sie außerdem am Kopfende ein spirituelles Venus-Yantra aufhängen und im Norden des Kinderzimmers ein spirituelles Mond-Yantra.

Schlafzimmer im Nordosten: Venus und Jupiter

Venus und Jupiter sind Feinde, da sie völlig gegensätzliche Pole repräsentieren. Während Jupiter für Weisheit, Objektivität und spirituelle Ernsthaftigkeit steht, symbolisiert Venus Kreativität, Genuss und Schönheit. Das Schlafzimmer ist daher im Nordosten nicht gut aufgehoben. Auf die Beziehungen der Bewohner untereinander und die Partnerschaft kann sich ein Schlafzimmer im Nordosten negativ auswirken, weil Jupiter Kälte und Distanz in Beziehungen bringt und nicht besonders viel für Romantik und Lebenslust übrig hat.

Über dem Bett hängen Sie daher zum Ausgleich am Kopfende ein spirituelles Venus-Yantra auf und außen über der Schlafzimmertür ein spirituelles Jupiter-Yantra.

Küche im Nordosten: Mars und Jupiter

Obwohl Jupiter und Mars dicke Freunde sind, ist eine Küche hier nicht ideal. Weder Jupiter noch Mars steuern den für das Kochen wichtigen weiblichen Einfluss bei. Beide stehen für starke und eigenwillige männliche Energien, die vor allem für weibliche Köche nicht förderlich sind. Generell kann die Küche im Nordosten zu emotionalen und mentalen Störungen bei den Frauen führen und die emotionale Beziehung zu den anderen Bewohnern belasten.

Zum Ausgleich bringen Sie über dem Herd ein spirituelles Mars-Yantra an und über der Küchentür ein spirituelles Jupiter-Yantra.

Meditationsraum im Nordosten: Jupiter und Sonne

Jupiter und Sonne sind eng befreundet. Sie haben eine Beziehung, wie der König (Sonne) sie zu seinem Minister (Jupiter) hat. Der Meditationsraum ist im Nordosten also ideal gelegen und fördert hier die spirituelle Atmosphäre im ganzen Haus. Die spirituelle Entwicklung aller Bewohner profitiert von dieser Raumnutzung und die Menschen gewinnen an spiritueller Tiefe.

Toilette im Nordosten: Ketu und Jupiter

Ketu ist ein Feind von Jupiter. Eine Toilette im Nordosten stellt einen der schwerwiegendsten energetischen und karmischen Defekte des Wohnraums dar, der alle Lebensbereiche negativ beeinflussen kann. Es mag vor allem die Gesundheit und die finanzielle Situation der Bewohner darunter leiden. Es kann schwer sein, unter diesen Umständen Kinder zu zeugen und auf die Welt zu bringen; Beziehungen können negativ beeinflusst werden; das Vertrauen der Partner ineinander kann geschwächt werden und die Partnerschaft mag durch sexuelle Beziehungen außerhalb der Partnerschaft gefährdet sein.

Zum Ausgleich können über der Toilettentür von außen ein spirituelles Ketu- und Jupiter-Yantra angebracht werden. Das Ketu-Yantra soll mit dem Gesicht zur Wand und das Jupiter-Yantra mit dem Gesicht in den Raum platziert werden.

Badezimmer im Nordosten: Mond und Jupiter

Mond und Jupiter sind Freunde. Ein Badezimmer hat im Nordwesten einen wesentlich positiveren Einfluss als eine Toilette. Trotzdem mögen durch den distanzierten Einfluss von Jupiter die dem Mond zugeordneten Gefühle der Bewohner enttäuscht werden, sodass es zu Verstimmungen und Distanz in den Beziehungen kommen kann. Der Nordosten sollte besser für hochwertige spirituelle oder geistige Tätigkeiten genutzt werden.

Zum Ausgleich bringen Sie außen über der Badezimmertür ein spirituelles Jupiter-Yantra an.

Abstellraum im Osten: Saturn und Sonne

Ein Abstellraum im Osten blockiert die positive Kraft der Sonne und schwächt daher die Vitalität und Gesundheit aller, insbesondere die des Vaters. Außerdem kann generell das Selbstbewusstsein der Menschen geschwächt sein. Ihre spirituelle Entwicklung trifft auf vielerlei

Hindernisse. Saturn legt eine enge Begrenzung um das nach Erkenntnis und Freiheit strebende Selbst. Da die Sonne auch mit der Zeugung von Kindern in Zusammenhang steht, kann ein Abstellraum im Osten die Erfüllung eines Kinderwunsches negativ beeinflussen.

Ein Abstellraum im Osten weist möglicherweise darauf hin, dass es einen stärkeren Konflikt zwischen Vater und Sohn gibt. Die Gesundheit des Vaters kann geschwächt, seine Karriere kann gestört sein; der Vater fühlt sich vielleicht durch die Familiensituation eingeengt und eventuell haben die männlichen Kinder Entwicklungsprobleme.

Zum Ausgleich sollten Sie auf der Ostseite des Raums ein spirituelles Sonnen-Yantra anbringen.

Badezimmer im Osten: Mond und Sonne

Das Badezimmer im Osten profitiert von den reinigenden Strahlen der Sonne. Vor allem am frühen Morgen fallen die Strahlen der aufgehenden Sonne in dieses Badezimmer und schaffen ein starkes positives Energiefeld. Auf Beziehungen wirkt sich das Badezimmer im Osten positiv aus, vor allem was die emotionale Zufriedenheit und das Gleichgewicht anbelangt.

Die Beziehung der Eltern, die Beziehung der Mutter zu ihren Söhnen und die Gesundheit der Mutter und des Vaters werden gefördert. Ein Badezimmer im Osten ist gut für die Gesundheit aller; Reisen mögen zu Glück und Erfolg führen; die Gefühle und der Wille der Bewohner harmonieren wahrscheinlich gut miteinander.

Küche im Osten: Mars und Sonne

Obwohl Mars und Sonne einander freundschaftlich gesinnt sind, ist eine Küche im Osten nicht ideal platziert, da hier zwei stark männliche Planeten zusammentreffen, die Küche aber auch der weiblichen Energie von Venus oder Mond bedarf. Die Küche ist am besten im Südosten (Venus) oder Nordwesten (Mond) aufgehoben.

Frauen haben es in einer solchen Küche möglicherweise schwerer und mögen mit gesundheitlichen oder mentalen Schwierigkeiten zu kämpfen haben. Sie leiden vielleicht unter entzündlichen Erkrankungen, Allergien oder Fieber. Männer sind wahrscheinlich nicht so stark von diesen Problemen betroffen. Und so ist es besser, die Männer kochen zu lassen.

Da Mars für Sexualität steht und die Sonne Stärke und Vitalität verkörpert, mag eine Küche in dieser Himmelsrichtung einen Hinweis darauf geben, dass die Sexualität aktiv ausgelebt wird. Der sexuelle Aspekt in den Beziehungen kann jedoch so stark betont sein, dass es zu Schwierigkeiten kommt. Vor allem die weiblichen Partner können darunter leiden. Sie wünschen sich vielleicht mehr emotionale Tiefe in der Beziehung.

Zum Ausgleich sollten Sie außen über der Küchentür ein spirituelles Venus-Yantra anbringen. Über dem Herd können Sie ein spirituelles Mars-Yantra befestigen, um die starke Feuer-Energie umzuwandeln.

Kinderzimmer im Osten: Jupiter und Sonne

Da Jupiter und Sonne Freunde sind, liegt das Kinderzimmer im Osten des Gebäudes gut. Die Sonne fördert die positive Entwicklung der Kinder, ihre Ausbildung und Gesundheit.

Schlafzimmer im Osten: Venus und Sonne

Venus und Sonne sind Feinde. Und so liegt das Schlafzimmer im Osten nicht gut. Die Energien des Ostens sind für den Schlaf zu leicht und zu belebt. Da Venus unter dem Angriff der Sonne leidet, kann sich ein Schlafzimmer im Osten vor allem für Frauen negativ auswirken. Für ein Paar mag es hier negative Einflüsse in der Beziehung bedeuten. Da Venus für den männlichen Samen steht, kann die Zeugungsfähigkeit im Osten eingeschränkt sein.

Die Sonne leidet unter der ihr feindlich gesinnten Venus und kann die Gesundheit der Menschen oder ihre Entschlossenheit beeinträchtigen. Liegt das Schlafzimmer im Osten, ist jedoch vor allem die

Beziehung der Einzelnen zu den acht Himmelsrichtungen zu beachten, die häufig wichtiger ist als die generellen Regeln.

Zum Ausgleich bringen Sie auf der Ostseite des Raums ein spirituelles Sonnen-Yantra an. Weiterhin hat es sich als sehr hilfreich erwiesen, über dem Bett am Kopfende ein spirituelles Venus-Yantra aufzuhängen.

Büro im Osten: Merkur und Sonne

Ein Büro liegt Osten sehr gut, da die Sonne Merkur äußerst positiv gesinnt ist, während Merkur der Sonne neutral gegenübersteht. Was Merkur zugeordnet ist – etwa Handel, Rechnungen, Konzentration, Schreiben, Computerarbeit und Kommunikation –, wird daher durch die positive Energie der Sonne im Osten positiv beeinflusst. Vor allem Innovation, Kreativität, Initiative und Karriere werden in einem solchen Büro gefördert.

Merkur hat mit Kommunikation und mit der Fähigkeit zu tun, sich dem anderen mitzuteilen. Daher wirkt sich ein Büro im Osten förderlich auf Beziehungen aus; es hilft, einander besser zu verstehen. Entscheidungen werden hier eher mit dem Verstand getroffen und erweisen sich oft als richtig.

Toilette im Osten: Ketu und Sonne

Ketu ist ein Feind der Sonne, sodass von einer Toilette im Osten nicht allzu viel Gutes zu erwarten ist. Die Sonne hat allerdings genügend Kraft, um sich gegen die Angriffe von Ketu zur Wehr zu setzen. Ihre Kraft kann von Ketu immer nur zeitweise überdeckt werden. Die reinigende Kraft der Sonne kann sich allerdings auch positiv auf die Toilette im Osten auswirken, vor allem, wenn sie mit einem Badezimmer im Osten in Verbindung steht.

Um Probleme auszugleichen, die sonst eventuell aufkommen können, bringen Sie außen über der Toilettentür ein spirituelles Ketu-Yantra mit dem Bild zur Wand und darüber ein spirituelles Sonnen-Yantra, dessen Bild in den Raum weist, an.

Schlafzimmer im Südosten: Venus und Venus

Ein Schlafzimmer im Südosten ist durchaus akzeptabel. Der doppelte Venus-Einfluss kann sich förderlich auf die Beziehungen auswirken und die Frauen stärken. Er trägt vielleicht auch zu einer aktiv gelebten Sexualität bei. Da das Element Feuer im Südosten herrscht, wird der Südosten als Platz zum Schlafen generell aber nicht empfohlen: Die Hitze des Feuers stört den Schlaf, macht ihn unruhig und beeinträchtigt möglicherweise sogar die Gesundheit. Das gilt insbesondere für Frauen.

Zum Ausgleich sollten Sie über dem Bett am Kopfende ein spirituelles Venus-Yantra aufhängen.

Küche im Südosten: Mars und Venus

Die Küche liegt im Südosten ideal, da in ihr die Nahrung mit Hilfe des Elements Feuer energetisiert wird, das diese Himmelsrichtung beherrscht. Die positiven Einflüsse von Mars und Venus tragen hier dazu bei, dass die Nahrung Energie spendend und schmackhaft zubereitet wird.

Auf Beziehungen wirkt sich eine Küche im Südosten ebenfalls sehr positiv aus. Das positive Spannungsfeld zwischen Mars und Venus lässt partnerschaftliche Beziehungen intensiver werden, stärkt die Anziehung zwischen den Geschlechtern und fördert eine erfüllte sexuelle Beziehung. Auch auf die Zeugung von Kindern kann sich eine Küche im Südosten förderlich auswirken.

Kinderzimmer im Südosten: Jupiter und Venus

Jupiter und Venus sind Feinde. Ihre Beziehung spiegelt den Konflikt zwischen dem spirituellen Streben eines Menschen (Jupiter) und seinen materiellen Veranlagungen und Wünschen (Venus) wider. Für die Entwicklung der Kinder ist die Energie des Südostens daher nicht förderlich. Auch mag sich der Einfluss des Elements Feuer im Südosten als störend erweisen, sodass gesundheitliche Störungen auftreten.

Zum Ausgleich sollten Sie über dem Bett am Kopfende ein spirituelles Venus-Yantra anbringen. Außen über der Tür zum Kinderzimmer können Sie zusätzlich ein spirituelles Jupiter-Yantra aufhängen.

Badezimmer im Südosten: Mond und Venus

Da der Mond Venus feindlich gegenübersteht, wirkt sich ein Badezimmer im Südosten negativ auf die Lebensbereiche der Bewohner aus, für die Venus steht: Liebe, Lebensfreude, Genuss und das allgemeine Wohlbefinden mögen unter einem Bad im Südosten leiden. Es können emotionale Störungen in Liebesbeziehungen auftreten, möglicherweise verursacht die Mutter oder Schwiegermutter Probleme in einer Beziehung.

Auch auf der energetischen Ebene ist das Badezimmer im Südosten als störend einzustufen, da das Wasser (Bad) mit dem Element Feuer im Südosten in Konflikt steht. So könnte das Feuer und mit ihm die Leidenschaft in der Beziehung gelöscht werden. Es mag auch sein, dass die Emotionen (Wasser) durch den Einfluss des Feuer-Elements hochgekocht werden.

Um dies auszugleichen, können Sie außen über der Badezimmertür ein spirituelles Venus-Yantra anbringen.

Büro im Südosten: Merkur und Venus

Da Merkur und Venus Freunde sind, findet die intellektuelle Arbeit in einem Büro im Südosten Unterstützung durch den Einfluss von Venus. Gespräche, Meetings und Kommunikation sind durch ihr klares Wirken gradlinig und effektiv. Durch das Element Feuer gewinnen geschäftliche Vorhaben im Südosten Schwung und Kraft. Man sollte jedoch darauf achten, keine unnötigen Risiken einzugehen, die ebenfalls durch das Feuer-Element gefördert werden. Auf die Beziehungen hat ein Büro im Südosten einen förderlichen Einfluss, da hier sowohl Venus (Liebe und Schönheit) als auch Merkur (Kommunikation und Verständnis) profitieren.

Schlafzimmer im Süden: Venus und Mars

Ein Schlafzimmer für Erwachsene profitiert im Süden von der vorteilhaften Kombination der Einflüsse von Mars (Süden) und Venus (Schlafzimmer). Sie symbolisiert die sexuelle Beziehung von Mann und Frau. Daher eignet sich der Süden sehr gut für ein gemeinsames Schlafzimmer. Es fördert die Leidenschaft und unterstützt die sexuelle Beziehung.

Kinderzimmer im Süden: Jupiter und Mars

Jupiter und Mars sind die besten Freunde. Daher liegt ein Kinderzimmer im warmen Süden ausgezeichnet. Der Einfluss von Jupiter richtet die Energie und Kraft von Mars auf ein Ziel aus. Die Entwicklung der Kinder wird hier ebenso gefördert wie die Kraft, Energie und Motivation aller Menschen im Haus.

Wohnzimmer im Süden: Venus und Mars

Diese Planetenkombination gleicht der unter „Schlafzimmer im Süden". Das Wohnzimmer im Süden fördert ebenfalls romantische, leidenschaftliche Beziehungen und bringt die männlichen und weiblichen Energien im Haus in Einklang.

Küche im Süden: Mars und Mars

Die Küche ist im Süden nicht gut aufgehoben, da sie dort unter doppeltem Mars-Einfluss steht. Die so entstehende doppelt feurige und doppelt männliche Energie wirkt sich auf die Zubereitung der Nahrung ungünstig aus. Zu viel Feuer verbrennt die Nährstoffe und heizt insbesondere den weiblichen Köchen zu stark ein. Das kann sich negativ auf die Gesundheit der Menschen auswirken, insbesondere auf deren Leber und Galle.

Zum Ausgleich sollten Sie außen über der Küchentür ein spirituelles Venus-Yantra anbringen. Über dem Herd können Sie außerdem ein spirituelles Mars-Yantra befestigen, um die starke Feuer-Energie umzuwandeln.

Badezimmer im Süden: Mond und Mars

Mars und Mond stehen in recht guter Beziehung zueinander. Daher ist ein Badezimmer im Süden einerseits durchaus akzeptabel. Auf der anderen Seite kann hier ein Konflikt zwischen der weiblichen und mütterlichen Energie des Mondes und der aggressiven männlichen Energie von Mars entstehen. Möglicherweise erzeugt ein Badezimmer im Süden im emotionalen Bereich (Mond) Störungen und Konflikte und heizt die Gefühle unnötig auf.

Zum Ausgleich sollten Sie außen über der Badezimmertür ein spirituelles Mond-Yantra anbringen.

Büro im Süden: Mars und Merkur

Mars und Merkur haben eine neutrale Beziehung. Ein Büro im Süden kann durch den Einfluss von Mars dazu führen, dass geschäftliche Angelegenheiten (Merkur) beschleunigt werden. Auf der anderen Seite entsteht vielleicht eine gewisse Unruhe und Ungeduld. Es gilt also einen kühlen Kopf zu bewahren. Die Kommunikation der Hausbewohner mag durch ein Büro im Süden an Intensität gewinnen.

Zum Ausgleich sollten Sie außen über der Bürotür ein spirituelles Mars-Yantra aufhängen. Im Norden des Büros kann zusätzlich ein spirituelles Merkur-Yantra befestigt werden, um den Einfluss von Merkur zu stärken.

Schlafzimmer im Südwesten: Venus und Rahu

Ein Schlafzimmer im Südwesten verbindet die Einflüsse von Rahu und Venus. Da beide Planeten für eine materielle Grundeinstellung stehen, ist ihre Verbindung förderlich und lässt uns gut schlafen. Vor allem für Ehepaare ist der Südwesten als Schlafplatz geeignet. Er ist die ideale Richtung, um Kinder zu zeugen. Kinder und Gäste sollten nicht im Südwesten schlafen, da sie auf diese Weise zu viel Einfluss gewinnen würden.

Wohnzimmer im Südwesten: Venus und Rahu

Wie das Schlafzimmer liegt auch das Wohnzimmer im Südwesten gut, da hier die beiden befreundeten Planeten Venus und Rahu aufeinandertreffen. Man sollte allerdings darauf achten, dass der Einfluss von Rahu nicht überhand nimmt. Das würde durch übermäßigen Alkoholkonsum oder andere Exzesse geschehen, die das Bewusstsein vernebeln.

Küche im Südwesten: Mars und Rahu

Die Kombination von Mars und Rahu ist gefährlich, da diese Planeten sehr gegensätzliche Energien verkörpern. Die Kraft von Mars wird durch den Einfluss von Rahu unkontrollierbar. Die Qualität der Nahrung wird durch Letzteren verunreinigt, was sich negativ auf Verdauung und Gesundheit der Bewohner auswirken kann. Die Beziehungen können ebenfalls leiden. Streit, Missverständnisse und Aggressivität werden möglicherweise durch den Einfluss von Rahu auf Mars provoziert. Eventuell gibt es Probleme durch sexuelle Konflikte.

Zum Ausgleich sollten Sie außen über der Küchentür ein spirituelles Venus-Yantra aufhängen. Über dem Herd können Sie außerdem ein spirituelles Mars-Yantra befestigen, um die starke Feuer-Energie zu transformieren.

Badezimmer im Südwesten: Mond und Rahu

Da sich Mond und Rahu ebenfalls als Feinde gegenüberstehen, wirkt sich ein Badezimmer im Südwesten negativ auf das Wohlbefinden und das Zusammenleben der Hausbewohner aus. Wird der Mond von Rahu angegriffen, können emotionale Störungen, Depressionen und andere psychische Probleme die Folge sein. Die Beziehungen der Menschen untereinander leiden möglicherweise besonders.

Zum Ausgleich sollten Sie außen über der Badezimmertür nebeneinander ein spirituelles Mond-Yantra und ein spirituelles Rahu-Yantra anbringen.

Kinderzimmer im Südwesten: Jupiter und Rahu

Jupiter und Rahu sind Feinde. Aus diesem Grund führt ein Kinderzimmer im Südwesten zu Konflikten in den Beziehungen.. Die Kinder stellen sich zu stark in den Mittelpunkt und übernehmen das Kommando. Der Einfluss der Eltern auf ihre Kinder mag hier eingeschränkt werden, was zu Konflikten und Streit führen kann. Den Eltern wird es schwer fallen, ihren Kindern die Grenzen zu zeigen, da Rahu solche niemals akzeptieren kann.

Zum Ausgleich bringen Sie außen über der Kinderzimmertür ein spirituelles Rahu-Yantra an. Über dem Bett können Sie ein spirituelles Venus-Yantra befestigen. Im Nordosten des Kinderzimmers sollte ein spirituelles Jupiter-Yantra aufgehängt werden: Es fördert hier die Entwicklung der Kinder.

Küche im Westen: Mars und Saturn

Da Mars und Saturn Feinde sind, liegt die Küche im Westen sehr schlecht. Außerdem findet das für die Küche so wichtige Element Feuer im Westen keine Unterstützung. Die Energien von Mars werden durch den begrenzenden Einfluss von Saturn blockiert. Die in der Küche zubereitete Nahrung kann nur wenig Lebensenergie besitzen. Das mag sich ungünstig auf die Partnerschaft auswirken, da die Leidenschaft vielleicht gelöscht wird und sich der Mann in der Beziehung eingeschränkt und unfrei fühlt. Der sexuelle Bereich der Partnerschaft kann ebenfalls leiden.

Zum Ausgleich sollten Sie außen über der Küchentür ein spirituelles Saturn-Yantra aufhängen. Über dem Herd kann zudem ein spirituelles Mars-Yantra befestigt werden, um die starke Feuer-Energie zu transformieren.

Schlafzimmer im Westen: Venus und Saturn

Venus und Saturn sind Freunde, sodass ein Schlafzimmer im Westen gut liegt. Der Einfluss von Saturn kann sich jedoch auf die Liebesbeziehung von Menschen, die im Westen schlafen, störend auswirken, da dieser Planet auch zu Trennung und Scheidung führen kann. Deshalb eignet sich der Westen zwar generell sehr gut zum Schlafen, sollte jedoch als Schlafbereich für Paare gemieden werden. Ein anderer Grund hierfür ist, dass die Sexualität Mars zugeordnet wird, der wiederum ein Feind von Saturn ist.

Schlafen Sie und Ihr Partner/Ihre Partnerin dennoch im Westen, so können Sie als Ausgleich ein spirituelles Venus-Yantra am Kopfende über dem Bett aufhängen und zudem außen über der Tür ein spirituelles Saturn-Yantra anbringen.

Wohnzimmer im Westen: Venus und Saturn

Da Venus und Saturn Freunde sind, liegt ein Wohnzimmer im Westen gut. Negative Saturn-Einflüsse sind nur dann zu befürchten, wenn das Wohnzimmer starke Mars-Energien enthält, wie es beispielsweise bei einem Kamin der Fall ist. In diesem Fall sollten Sie über dem Kamin ein spirituelles Mars-Yantra anbringen, um den Konflikt zwischen Mars und Saturn auszugleichen.

Büro oder Studierzimmer im Westen: Merkur und Saturn

Da Merkur und Saturn Freunde sind, lässt ein Büro ebenso wie ein Studierzimmer und eine Bibliothek im Westen konzentriert arbeiten, es schenkt Ordnung und Disziplin. Auf Beziehungen und Partnerschaft wirkt sich ein Büro oder Studierzimmer im Westen ebenfalls positiv aus, da es das Verantwortungsbewusstsein, die Stabilität von Beziehungen und die Kommunikation fördert.

Kinderzimmer im Westen: Saturn und Jupiter

Obwohl Jupiter und Saturn einander nur neutral gesinnt sind, ist das Kinderzimmer im Westen optimal aufgehoben. Es fördert die Entwicklung der Kinder, stärkt ihr Verantwortungsbewusstsein, hilft bei der Bewältigung der schulischen Aufgaben und gibt ihnen ein Gefühl der Geborgenheit.

Speisezimmer im Westen: Venus und Saturn

Venus und Saturn sind Freunde, sodass ein Speisezimmer im Westen sich ebenfalls in jeder Hinsicht positiv auswirkt. Liebe und Lebensfreude (Venus) werden ebenso gefördert wie die Stabilität von Beziehungen (Saturn) und das Verantwortungsbewusstsein.

Badezimmer im Westen: Mond und Saturn

Obwohl der Mond ein Feind von Saturn ist, wirkt sich ein Badezimmer im Westen im Allgemeinen nicht negativ aus. Um negativen Einflüssen von Saturn auf den emotionalen und psychischen Bereich entgegenzuwirken, können Sie vorbeugend außen über der Badezimmertür ein spirituelles Saturn-Yantra aufhängen.

Küche im Nordwesten: Mars und Mond

Mars und Mond sind Freunde, sodass eine Küche im Nordwesten ebenfalls gut liegt. Neben dem Südosten ist der Nordwesten die zweitbeste Richtung für die Küche. Im Nordwesten fördert sie Kommunikation, die emotionale Zufriedenheit in Beziehungen und die psychische Stabilität. Sie wirkt Depressionen entgegen und bringt Energie und Kraft in die Kommunikation.

Schlafzimmer im Nordwesten: Mond und Venus

Der Mond ist ein Feind von Venus, sodass ein Schlafzimmer im Nordwesten die Energie von Venus schwächt. Für Beziehungen und Partnerschaft ist ein Schlafzimmer im Nordwesten nicht förderlich. Es mag zu Missverständnissen und emotionalen Verstimmungen führen; vor allem die Frau kann unter dieser Schlafrichtung leiden.

Gibt es keine andere Möglichkeit und Sie und Ihr Partner/Ihre Partnerin müssen einfach im Nordwesten schlafen, dann können Sie als Ausgleich ein spirituelles Venus-Yantra über dem Bett am Kopfende anbringen und außerdem außen über der Tür ein spirituelles Mond-Yantra aufhängen, um eventuell aufkommende Schwierigkeiten abzuwenden.

Badezimmer im Nordwesten: Mond und Mond

Ein Bad liegt im Nordwesten gut, möglicherweise führt es jedoch hier aufgrund des doppelten Mond-Einflusses zu emotionaler oder psychischer Instabilität. Die Gefühle können häufigen Schwankungen unterworfen sein, was in Beziehungen oder in der Partnerschaft eventuell – im ungünstigsten Fall – Störungen verursacht. Vor allem die Frauen im Haus beziehungsweise in der Wohnung mögen hiervon betroffen sein.

Als Ausgleich sollten Sie außen über der Badezimmertür ein spirituelles Mond-Yantra anbringen.

Kinderzimmer im Nordwesten: Mond und Jupiter

Da Mond und Jupiter sich freundschaftlich gegenüberstehen, liegt das Kinderzimmer im Nordwesten gut. Durch den Einfluss des wechselhaften Mondes und den Einfluss des Luft-Elements fehlt es dem Nordwesten jedoch an der notwendigen Stabilität, die Kinder unbedingt benötigen, um Sicherheit und Geborgenheit zu erfahren.

So ist es äußerst sinnvoll, außen über der Tür zum Kinderzimmer ein spirituelles Mond-Yantra zu befestigen, während zusätzlich im Nordosten des Kinderzimmers noch ein spirituelles Jupiter-Yantra angebracht werden kann. Auf diese Weise können Sie mangelnde Stabitität ausgleichen.

Büro im Nordwesten: Mond und Merkur

Obwohl der Mond als Feind von Merkur gilt, ist ein Büro im Nordwesten gut platziert. Das liegt daran, dass Merkur einen ebenso starken Einfluss im Nordwesten hat wie der Mond im Norden, der karmischen Richtung von Merkur. Durch den Konflikt von Mond und Merkur kann es aber zu leichten Kommunikationsstörungen kommen, wenn sich das Büro im Nordwesten befindet.

Hängen Sie am besten ein spirituelles Mond-Yantra außen über der Bürotür auf und bringen Sie im Norden des Büros ein spirituelles Merkur-Yantra an.

Lage und Einrichtung der verschiedenen Räume

Schlafzimmer

In einer Partnerschaft spielen die Eigenschaften des Schlafzimmers eine große Rolle, denn beide Partner verbringen meist einen großen Teil ihrer Zeit dort und gleichzeitig wird ein wichtiger Aspekt der Beziehung – die Sexualität – ebenfalls durch die Vasati-Eigenschaften dieses Raums beeinflusst. Außerdem werden im Schlafzimmer oft Kinder gezeugt. Die sind drei wichtige Gründe, bei der Einrichtung des Schlafzimmers besonders auf dessen Vasati-Eigenschaften zu achten. Schon was die Himmelsrichtung anbelangt, in der das Schlafzimmer liegt, müssen persönliche und allgemeine Kriterien berücksichtigt werden, wobei die individuellen Überlegungen Vorrang haben.

In der folgenden Tabelle finden Sie beschrieben, wie unterschiedlich ein Schlafzimmer auf seine Bewohner wirken kann, je nachdem, in welcher der acht Himmelsrichtungen es liegt.

Himmels-richtung	Wirkung
Norden	innere Unruhe, Nervosität und finanzielle Verluste
Nordosten	zu vermeiden; emotionale und gesundheitliche Probleme
Osten	gesundheitliche Probleme, Dominanz männlicher Energien
Südosten	Streitereien, Schlafstörungen, partnerschaftliche Probleme
Süden	in jeder Hinsicht empfehlenswert
Südwesten	besonders empfehlenswert für die Eltern; für Kinder nicht empfehlenswert
Westen	zu empfehlen vor allem für Kinder und Jugendliche
Nordwesten	zu empfehlen für Gästezimmer; zu viel Bewegung und Austausch zum regelmäßigen Schlafen; führt zu häufigen Auseinandersetzungen unter den Bewohnern

Tabelle 5: Wirkung des Schlafzimmers in den acht Himmelsrichtungen

Wichtiger als diese allgemeine Bewertung der acht Schlafrichtungen ist jedoch die individuelle Qualität der Himmelsrichtungen, die aus der Stellung des Mondes im Horoskop errechnet werden kann. Im Anhang finden Sie unter „Die individuelle Qualität der Himmelsrichtungen" (siehe Seite 151 ff.) eine Methode, mit der Sie die Wirkung, die die verschiedenen Himmelsrichtungen auf Sie persönlich haben, selbst berechnen können. Räume, in denen Sie sich viele Stunden am Tag aufhalten, wie Schlaf- und Arbeitszimmer, sollten unbedingt in den Richtungen liegen, die für Sie persönlich positiv sind. Das Gleiche gilt für die Küche, wenn Sie täglich kochen und somit einige Stunden am Tag in diesem Raum verbringen.

Im Schlafzimmer sollte das Bett nicht direkt in der Mitte stehen, es blockiert dort das energetische Zentrum. Ist das Zimmer sehr klein, lässt sich das aber vielleicht nicht vermeiden. Der beste Platz für das Bett ist der Südwesten des Raums. Doch auch dort sollte es nicht direkt an der

Zimmerwand stehen, sondern zumindest einen Abstand von ungefähr 20 Zentimetern haben. So vermeidet man den Bereich negativer Energien entlang der südlichen und westlichen Außenwände.

Sind die Energien eines Hauses, einer Wohnung oder eines Raums sehr schwer oder belastet, können im Südwesten zu schwere und stark negative Energien vorherrschen. In einem solchen Fall wäre der Südwesten als Schlafbereich zu vermeiden. Wenn man das Bett umstellt, sollte man jedoch die nordöstliche Ecke des Zimmers aussparen und auch zu östlichen und nördlichen Wänden einen Mindestabstand von 30 Zentimetern wahren.

Das Bett steht am besten parallel zu den Wänden. Außerdem sollte man mit dem Kopf oder dem Herzen nicht auf den Diagonalen eines Raums liegen, wenn man schläft. Kann man mit dem Kopf nicht in Richtung Osten oder Süden liegen, weil das Haus nicht parallel zu den Haupthimmelsrichtungen gebaut ist, so eignen sich auch Südosten oder Südwesten als Schlafrichtungen. Nordwesten und Nordosten sollten jedoch vermieden werden, um keine ungünstige Kombination der Magnetfelder von Mensch und Erde herbeizuführen. Da der Kopf den Nordpol des menschlichen Körpers bildet, sollte dieser beim Schlafen nicht in Richtung des Nordpols der Erde weisen, um abstoßende Kräfte zu vermeiden.

Mit dem Kopf in Richtung Süden zu schlafen ist der Gesundheit am förderlichsten, da man so im Einklang mit dem magnetischen Feld der Erde schläft. In der folgenden Tabelle finden Sie die Wirkungen, die die verschiedenen Schlafrichtungen haben, zusammengefasst:

Schlafrichtung	Wirkung
Norden	Alpträume; Schlafstörungen; Anfälligkeit für Krankheiten; geschwächtes Immunsystem; Kreislaufstörungen
Nordosten	zu vermeiden; emotionale und gesundheitliche Probleme
Osten	fördert Intelligenz, geistige Fähigkeiten und die spirituelle Entwicklung

Schlafrichtung	Wirkung
Südosten	fördert Gesundheit und Weisheit
Süden	stärkt Gesundheit, Finanzkraft und Zufriedenheit; bringt einen guten und tiefen Schlaf
Südwesten	bringt mittelmäßigen bis ausreichenden Schlaf
Westen	mittelmäßiger Schlaf; Reichtum
Nordwesten	schlechte Schlafrichtung; bringt unregelmäßigen Schlaf; Schlafstörungen und wenig Erholung

Tabelle 6: Wirkung der Schlafrichtung

Über dem Schlafenden sollte sich kein Balken oder Dachsparren befinden. Besonders negativ wirken sich Metallträger oder ähnliche Metallgegenstände über dem Bett aus. Außerdem sollte man im Schlafzimmer keine Spiegel anbringen, in denen sich die Schlafenden spiegeln, weil dadurch die verbrauchten und negativen Energien, die man während des Schlafes abstrahlt, auf den Körper zurückgeworfen werden. Spiegel im Schlafzimmer sollten sich nur im Osten oder im Norden befinden und vom Bett aus nicht zu sehen sein.

Wasser ist im Schlafzimmer prinzipiell ungünstig, da von Wasser ein negativer Einfluss auf die emotionale Befindlichkeit der Schlafenden ausgeht: Es wirkt sich hier negativ auf die Liebesbeziehung aus. Ein Waschbecken sollte man im Schlafzimmer also am besten nicht installieren. Wird das allerdings unbedingt gewünscht, sollte es an der Nord- oder Ostwand angebracht werden und vom Bett aus nicht zu sehen sein.

Beim Aufstehen sollte unser Blick *nicht* zuerst auf Wasser fallen. Ein Teich, See oder Fluss vor dem Schlafzimmerfenster ist daher ungünstig. Ist dies dennoch der Fall, so sollte man nach dem Aufstehen in keinem Fall direkt aus dem Fenster mit Blick auf Wasser schauen. Man blickt morgens nach dem Aufstehen möglichst zuerst in Richtung Norden, Osten oder Nordosten. Das Gleiche gilt für die ersten Schritte, die ganz bewusst in eine dieser Richtungen getan werden sollten. Das ergibt sich ganz natürlich, wenn das Bett im Südwesten des Raums steht und die Tür sich im Nordosten des Schlafzimmers befindet. Man steht in diesem Fall außerdem automatisch mit dem rechten Fuß zuerst auf.

Der Kleiderschrank steht im Westen oder Süden des Schlafzimmers gut und darf dort ruhig die Wände berühren. Es kommt jedoch sehr darauf an, was man in diesem Schrank aufbewahrt. Die Frage, die man sich stellen sollte, ist: Braucht man all die Kleider darin, gefallen sie den Personen noch, die hier schlafen? Ist das nicht der Fall, kann der Schrank die Energien des Raums und damit die dort lebenden Menschen negativ beeinflussen. Der negative Einfluss eines Möbelstücks mag nicht nur daher rühren, dass es falsch steht, seine Ursache kann auch in dessen Geschichte oder eben darin liegen, was man in ihm aufbewahrt. Und so ist es wichtig, alle Gegenstände zu prüfen, mit denen man sich umgibt, und seine energetische Umwelt frei von Spannungen und Belastungen zu halten. Elektrische Geräte im Schlafzimmer sollten möglichst weit vom Bett entfernt stehen, damit die Schlafzone, so weit es geht, störungsfrei bleibt.

Für eine Toilette, die sich an das Schlafzimmer anschließt, eignet sich am besten der Nordwesten beziehungsweise der Südosten vom Schlafzimmer aus gesehen. Als Wandfarben empfiehlt Vasati für das Schlafzimmer die ganze Palette der grünen und blauen Farbtöne, die Ruhe und Entspannung fördert. Die Farbauswahl ist jedoch individuell und von astrologischen Aspekten abhängig und lässt viel Spielraum für den individuellen Geschmack.

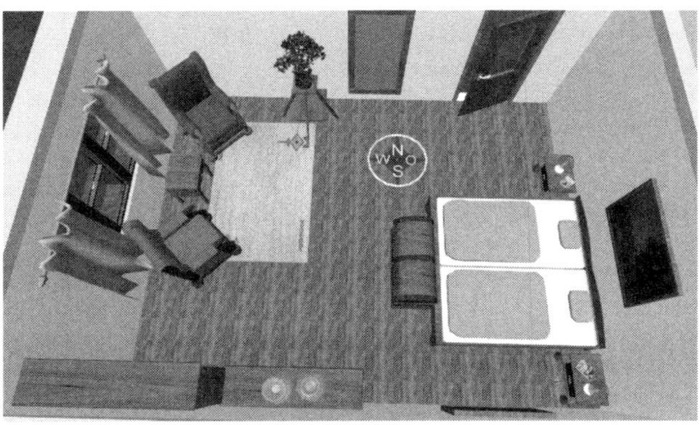

Abbildung 8: Schematische Darstellung eines Schlafzimmers nach Vasati

KINDERZIMMER

Ein Kinderzimmer verbindet verschiedene Funktionen miteinander. Es dient als Schlafzimmer und ist für die Kinder meist gleichzeitig Spielzimmer, Wohnzimmer und Lernbereich, wenn sie älter werden und zur Schule gehen. Am besten eignet sich hier der Westen. Er fördert Kreativität und Intelligenz und ist eine gute Himmelsrichtung zum Schlafen. Außerdem schenkt er Ruhe und trägt zur Entwicklung von Verantwortungsbewusstsein und zur Konzentration bei.

Himmelsrichtung	Wirkung
Norden	zu kalt für Kinder; als Schlafzimmer für Kinder nicht geeignet
Nordosten	eher nicht zu empfehlen; Energien sind zum Schlafen zu leicht
Osten	nicht gut zum Schlafen, da Energien zu leicht und zu kraftvoll; daher als Kinderzimmer ungeeignet
Südosten	verstärkt Streit und macht die Kinder zu hitzig
Süden	gut zum Schlafen, weniger gut für die Entwicklung der Kinder und das Lernen; als Kinderzimmer nur bedingt geeignet
Südwesten	zu schwer und gewichtig für Kinder; sie entwickeln leicht die Neigung, zu beherrschend zu werden; fördert nicht Entwicklung und Wachstum der Kinder
Westen	die beste Richtung für Kinder
Nordwesten	fördert Bewegung, Wachstum und Kommunikationsverhalten der Kinder; unter Umständen zu viel Bewegung und Unstetigkeit für Kinder

Tabelle 7: Wirkung des Kinderzimmers in den acht Himmelrichtungen

Neben der richtigen Wahl der Himmelsrichtung sind auch beim Kinderzimmer, was die Einrichtung anbelangt, einige Punkte zu beachten. Ideal ist es, wenn sich die Tür im Nordosten des Raums befindet und das Bett im Südwesten steht. Die Gründe sind die gleichen, die schon unter „Schlafzimmer“ (siehe Seite 113 ff.) erklärt wurden. Auch hier sollte das Bett die Wand nicht direkt berühren.

Der Schreibtisch steht im Osten oder Norden des Raums gut, so schauen die Kinder in eine dieser Himmelrichtungen, wenn sie arbeiten.

Der Nordosten und der Nordwesten sollten frei bleiben: Der Nordwesten ist für Wachstum und Beweglichkeit der Kinder wichtig, während der Nordosten mit der intellektuellen Entwicklung und Bildung der Kinder in Zusammenhang steht. Um den Nordosten, die Wissensecke, zu stärken, können dort Spiegel angebracht werden, die den Raum in dieser wichtigen Richtung optisch erweitern.

Die besten Farben zur Gestaltung eines Kinderzimmers sind zarte grüne Farbtöne, die Intelligenz und Konzentrationsfähigkeit fördern. Hierbei kommt es jedoch auf den Charakter des Kindes und sein Alter an.

Abbildung 9: Das Kinderzimmer aus der Vogelperspektive

Küche

Die Küche ist einer der wichtigsten Räume. Wer kocht, verbringt einen großen Teil seiner Zeit hier und Gesundheit und Vitalität aller anderen hängen von der Qualität der dort zubereiteten Nahrung ab. In der

Küche findet ein ständiges Wechselspiel zwischen den Elementen Wasser und Feuer statt, wobei das Element Feuer das aktive Prinzip darstellt. Daher sollte sich die Küche am besten im Südosten des Hauses befinden. Die zweite Wahl wäre der Nordwesten. Alle anderen Himmelsrichtungen sind weniger geeignet. Im Nordosten, Norden, Südwesten, Süden oder im Zentrum des Hauses liegt die Küche ungünstig. Sie sollte auch nicht an einem Ort eingerichtet werden, wo sich im Stockwerk darüber direkt Betten oder Toiletten befinden. Diese Regel ist deshalb von besonderer Wichtigkeit, da die Küche durch die intensive Nutzung des Feuer-Elements viele Gefahren für alle birgt.

Was die Qualität der Liebesbeziehung anbelangt, ist die Himmelsrichtung, in der die Küche liegt, ebenfalls von großer Bedeutung, da sowohl Feuer und Wasser als auch Mars und Venus für Liebe und Partnerschaft von großer Bedeutung sind.

Vor allem im Westen wirkt sich eine Küche negativ auf die Partnerschaft aus, da Saturn dort das harmonische Zusammenspiel von Mars und Venus stört. Eine Küche im Westen mag Trennung oder Scheidung nach sich ziehen. Auch im Südwesten manifestiert die Küche eine negative Wirkung auf Partnerschaft und Liebe. Der Einfluss von Rahu kann Missverständnisse, Streit, Manipulation und übermäßige Leidenschaft in der Beziehung fördern.

Falls die Küche nicht in den Südosten des Hauses gelegt werden kann, sollte sich wenigstens die Kochstelle im Südosten der Küche befinden. Auf diese Weise verbindet man die Einflüsse von Mars und Venus miteinander, was gerade Partnerschaften und Liebesbeziehungen zugute kommt. Der Herd sollte die östliche Wand der Küche jedoch nicht direkt berühren.

In einer Küche, die im Südosten liegt, steht der Herd im Südosten gut, wobei er auch hier die Wände nicht berühren sollte. Der Abstand zu den Wänden sollte zumindest 3 bis 8 Zentimeter betragen. Elektrische Geräte, die beim Kochen verwendet werden, sollten sich neben dem Herd an der südlichen Wand der Küche befinden. Im Nordosten oder Norden steht der Herd besonders schlecht, da diese Richtungen nicht mit dem Element Feuer belastet werden sollten. Der Nordwesten dagegen kommt für den Herd ebenfalls in Frage.

Beim Kochen sollte man am besten in Richtung Osten schauen. Das ist dann der Fall, wenn der Herd in südöstlicher Richtung parallel zur östlichen Wand aufgestellt wird. Man kann beim Kochen auch in Richtung Süden blicken, auf keinen Fall aber nach Norden, Westen oder Südwesten. Über dem Herd einen Schrank oder ein Regal anzubringen ist ungünstig. Lassen Sie den Platz über der Kochstelle frei, das ist sicherer und gibt der feurigen Energie des Kochens Platz, sich im Raum zu bewegen. Dunstabzugshauben über dem Herd stören den Fluss der Energie ebenfalls und sollten eher durch ausreichendes Lüften - etwa durch das Öffnen der Fenster - ersetzt werden. Der Herd sollte sich nicht direkt gegenüber der Tür zur Küche befinden, da sonst die Gefahr für Unfälle drastisch erhöht wird. Zwei Fenster an einander gegenüberliegenden Wänden in der Küche erleichtern das Lüften.

Das Spülbecken hat in der nordöstlichen Ecke der Küche einen idealen Platz. Im Süden oder Westen lagert man am besten Getreide, Gewürze und Ähnliches in Behältern und den Kühlschrank stellt man im Nordwesten auf. Im Nordosten sollte er auf keinen Fall stehen und im Südwesten nur dann, wenn er 30 Zentimeter von der Wand entfernt ist, da es sonst zu Störungen kommen kann.

Es ist nicht gut, in der Küche zu essen. Richten Sie sich lieber einen Raum zum Essen ein oder nehmen Sie die Mahlzeiten im Wohnzimmer oder einem anderen geeigneten Raum ein. Falls es jedoch einen Esstisch in der Küche geben soll, wird er am besten im Westen aufgestellt.

Gefäße, in denen Trinkwasser aufbewahrt wird, spielen in Indien eine große Rolle, weil das Wasser häufig aus Brunnen geholt und gelagert werden muss. Da die Qualität des Trinkwassers, das hierzulande aus der Wasserleitung kommt, immer schlechter wird, gehen mehr und mehr Menschen auch in Europa wieder dazu über, Wasser zum Trinken und Kochen aus Quellen zu holen oder mit geeigneten Anlagen zu energetisieren und zu reaktivieren. Gefäße, in denen das Trinkwasser, das auch zum Kochen verwendet wird, aufbewahrt wird, stehen aufgrund ihres Gewichts am besten nicht im Nordosten. Man bewahrt sie im Osten oder Norden auf und stellt sie direkt auf den Boden, nicht auf eine erhöhte Plattform oder in einen Schrank.

Ungünstig ist es, Lebensmittel in der Küche in größeren Mengen zu lagern. Bewahren Sie nur das, was Sie tagtäglich brauchen, und dieses auch nicht im Südosten oder Südwesten auf.

Ideal für die Lagerung von Getreide und frischen Lebensmitteln ist auch der Nordwesten, während der Südosten sich für brennbare Dinge wie Öle und Fette und scharfe Gewürze eignet.

Das Abwasser sollte in Richtung Norden und Osten abfließen, nicht in Richtung Südosten, Süden oder Westen.

Abbildung 10: Südostecke mit Herd und Küche

Speisezimmer

Wie bereits erwähnt, ist es in jedem Fall gut, nicht in der Küche zu essen, um die Reinheit des Raums, in dem die Nahrung zubereitet wird, zu gewährleisten. Das Speisezimmer sollte sich westlich von der Küche befinden und wird am besten sogar im Westen des Gebäudes eingerichtet. Falls der Westen hierfür nicht zur Verfügung steht, kann auch der Norden oder Osten genutzt werden. Küche und Speisezimmer liegen am besten in der gleichen Etage, damit das Essen nicht über die Treppe getragen werden muss. Diese Regel hat offensichtliche praktische und energetische Gründe. Die Speisezimmertür sollte nicht im Süden und auf keinen Fall direkt gegenüber der Eingangstür des Hauses liegen.

In Indien sitzt man noch heute gern mit überkreuzten Beinen auf dem Boden, wenn man Nahrung zu sich nimmt. Isst man an einem Tisch, so sollte dieser weder rund noch oval sein, sondern eine rechteckige oder sogar quadratische Form besitzen und außerdem frei im Raum stehen, also keine Wand berühren. Beim Essen sollte man vorzugsweise in Richtung Osten schauen, doch auch Norden und Westen kommen in Frage. Der Süden sollte allerdings gemieden werden, da es sonst leicht zu Streitereien kommt.

Das Trinkwasser kann gut in der nordöstlichen Ecke des Raums aufbewahrt werden, der Himmelsrichtung, die die Energie und Reinheit des Wassers im Einklang mit der Bewegung der Sonne fördert. Wasser ist ein sehr sensibles Medium, das feinste Informationen und Energien aus der Umgebung aufnehmen und auf den menschlichen Organismus übertragen kann. Das Waschbecken findet im Osten oder Norden einen guten Platz, während die nordöstliche, südöstliche und südwestliche Ecke zu vermeiden sind. Eine Toilette sollte auf gar keinen Fall direkt an das Speisezimmer angrenzen, um eine wechselseitige Beeinflussung der ab- und aufbauenden Energien zu vermeiden.

Die Wände werden in hellen Farben gehalten. Es wird ebenfalls empfohlen, Bilder im Speisezimmer aufzuhängen, die die Natur zeigen und eine freudvolle, entspannte Atmosphäre schaffen.

Der Ort der Nahrungsaufnahme sollte niemals durch Stress, Probleme des Alltags, Streitereien oder Gespräche über Tagespolitik und Geld belastet werden. All diese Einflüsse finden durch die Nahrung Einlass in das Bewusstsein und würden so den positiven Einfluss des Essens mindern. Ayurveda, die altüberlieferte Naturheilkunde Indiens, empfiehlt, das Essen in Stille zu sich zu nehmen und auf keinen Fall schwerwiegende Themen beim Essen zu besprechen. Leichte Musik kann die Entspannung fördern und für die Verdauung von Nutzen sein. Man sollte möglichst vermeiden, beim Essen aufzustehen, da der Körper damit das Signal bekommt, dass die Nahrungsaufnahme beendet ist und die Verdauung beginnen kann. Setzt man das Essen danach wieder fort, dann kann die Nahrung nicht mehr richtig verdaut werden. Deshalb steht das Telefon am besten nicht in der Nähe Ihres Speisezimmers oder im Speisezimmer selbst. Am besten stellt man während des Essens den Anrufbeantworter an.

Studierzimmer

Das Studierzimmer liegt ebenfalls am besten im Westen – wie das Speisezimmer. In der alten indischen Kultur war es üblich, ein Zimmer zu haben, in dem Wissen kultiviert wird und spirituelle Texte studiert werden. Der Westen eignet sich vor allem aufgrund positiver Planeteneinflüsse gut für intellektuelle Tätigkeiten, da dort die Gehirnfunktionen angeregt werden. Das Studierzimmer sollte sich jedoch nicht in der nordwestlichen oder südwestlichen Ecke des Gebäudes befinden.

Im Westen erfährt man die positiven Einflüsse von Merkur, der das Gehirn anregt; von Jupiter, der Ehrgeiz und Neugierde fördert; des Mondes, der die Kreativität erhöht, und von Venus, die sich positiv auf die Manifestation der Talente auswirkt. Im Westen tragen Schreiben und Reden besonders gute Früchte. Der Studierende sollte am besten in Richtung Osten oder Norden schauen, wobei auch der Nordosten geeignet ist, um das Wissen zu vermehren und im Studium erfolgreich zu sein.

Bücher sind weder im Nordwesten noch im Südwesten gut aufgehoben. Im Nordwesten sind sie zu leicht und werden vielleicht gestohlen oder gehen verloren; sie werden häufig verliehen und kommen nicht mehr zurück. Bücher im Südwesten sind zu schwer und laufen daher Gefahr, niemals gelesen zu werden. Am besten stellt man einen Teil der Bücher in einen kleinen Schrank im Norden, den anderen in den Osten oder Westen.

Im Studierzimmer ist es förderlich, im Nordosten ein Gefäß mit frischem Wasser aufzustellen. Es sollte möglichst keine Toilette an das Studierzimmer angrenzen, während ein Badezimmer von Vorteil sein könnte.

Es ist von großem Vorteil, wenn ein solches Zimmer ausschließlich zum Meditieren und zum Studium spiritueller Literatur genutzt wird. Es ist heute schwierig für uns, Zeit zu finden, um unseren Geist auf spirituelle Themen auszurichten und uns dabei nicht von Störungen und weltlichen Pflichten ablenken zu lassen. Daher ist es sinnvoll, einen geschützten Bereich für diese Tätigkeiten einzurichten und so dem spirituellen Aspekt Raum zu geben. Sobald ein Telefon, Steuererklärungen oder Tageszeitungen im Studierzimmer zu finden sind, ist zu vermuten, dass die Konzentration auf spirituelle Themen nicht mehr so leicht fällt.

Büro

Die Leichtigkeit und die Freiheit des Nordens sind für den finanziellen und geschäftlichen Aspekt der Arbeit wichtig und durch die Freiheit und Offenheit des Ostens wird die Karriere positiv beeinflusst.

Man platziert schwere Möbel oder Aktenschränke am besten im Süden, Westen und Südwesten eines Büros. Die nördlichen, östlichen und nordöstlichen Wände sollten frei sein. Der Arbeitsplatz sollte so liegen, dass man beim Arbeiten nach Osten oder Norden schaut, was sich förderlich auf das Denken auswirkt.

Elektrische Geräte wie Computer, Kopier- und Faxgerät usw. sollten nicht im Nordosten oder Norden des Arbeitszimmers stehen. Die besten Richtungen für solche Geräte sind der Südosten, Süden und Nordwesten. Die Unterlagen für die tägliche Buchführung sind im Südwesten oder Süden nicht gut aufgehoben, da sie dort von den schweren Energien gebremst werden.

Am besten funktioniert die Buchführung mit der notwendigen Bewegung im Nordwesten. Der Norden ist für finanzielle Angelegenheiten ebenfalls geeignet. Dort bringt man leichte Dinge unter, etwa Wertgegenstände, Bargeld und Schecks. Ein Safe sollte zum Norden hin geöffnet werden. Ist das nicht möglich, kann man ihn auch gen Osten öffnen.

Badezimmer

Ein Badezimmer befindet sich im Osten am rechten Platz. Auf diese Weise kommt man allmorgendlich in den Genuss der Sonne, die im Osten aufgeht. Im Osten sollte sich daher ein Fenster befinden, das die Sonne ins Bad hineinlässt. Der Norden eignet sich ebenfalls für ein solches Fenster. Das Waschbecken sollte wie die Dusche im Nordosten des Bades installiert sein, kann sich aber auch im Norden oder Osten befinden. Das Abwasser fließt am besten nicht Richtung Südosten oder Südwesten ab. Es ist sinnvoll, dem Boden im Badezimmer eine leichte Neigung in Richtung Osten oder Norden zu geben. Elektrische Geräte wie Heizer, Föhn, Boiler und Waschmaschine sind im Südosten zu finden.

Spiegel und Türen in südlicher Richtung sind nicht ratsam, am besten befinden sie sich im Osten oder Norden. Schmutzige Wäsche sollte im Nordwesten aufbewahrt werden. Gibt es einen Ankleideraum, so liegt er im idealen Fall im Westen oder Süden.

Toiletten

Toiletten sollten sich nicht im Zentrum, im Nordosten, Südosten oder Südwesten eines Gebäudes befinden. Am besten liegen sie jeweils zwischen Haupt- und Nebenhimmelsrichtungen. Ideal sind die Bereiche zwischen dem Westen und Südwesten, zwischen dem Westen und Nordwesten, zwischen Norden und Nordwesten und zwischen Süden und Südwesten. Auch zwischen Osten und Südosten kann eine Toilette Platz finden. Sie sollte so gebaut werden, dass sie mit der Blickrichtung Norden oder Süden benutzt werden kann.

Das Waschbecken wird am besten im Nordosten, Norden oder Osten des Raums angebracht, jedoch nicht in südöstlicher oder südwestlicher Richtung. Der Toilettenboden sollte ein Gefälle in Richtung Norden oder Osten besitzen, sodass das Abwasser in nördlicher oder östlicher Richtung abfließen kann. Das Abwasser der Toilette fließt in unseren Breitengraden im Allgemeinen in die Kanalisation - und das sollte am besten in Richtung Norden oder Osten geschehen. Klärgruben oder Abwassergruben sind kaum noch in Gebrauch. Eine solche Grube läge in Richtung Nordost, Südost oder Südwest ganz ungünstig. Am besten wird ein Abwassertank im westlichen oder nördlichen Bereich des Nordwestens errichtet, dabei sollte er jedoch die Begrenzungsmauer des Grundstücks auf keinen Fall berühren.

Wohnzimmer

Das Wohnzimmer kann sich aus der Sicht des Vasati in jeder Himmelsrichtung befinden. Wo es am besten aufgehoben ist, das hängt davon ab, wie das Wohnzimmer genau genutzt wird: Zum Feiern, Fernsehen und Entspannen ist es beispielsweise vor allem dem Planeten Venus zugeordnet. Ein solches Wohnzimmer befindet sich am besten im Süden, Südwesten und Südosten, kann jedoch auch im Westen oder Norden liegen. Keine Richtung ergibt ernsthafte negative Ergebnisse.

Schrankwände im Norden oder Osten des Wohnzimmers sind sehr ungünstig, im Westen oder Süden stehen sie gut. Häufig befindet sich im Norden jedoch die einzige fensterlose Wand für einen Wohnzimmerschrank. Da dieser dort die energetische Gesamtsituation stark negativ beeinflusst, sollte man sich von solchen Stücken lieber trennen, anstatt sie mangels Alternative im Norden aufzustellen. Hierdurch wird der Zufluss organischer Lebensenergie aus dem Norden gefördert.

Falls im Osten oder Norden Möbel aufgestellt werden, sollten sie leicht und nicht massiv sein. Weiterhin ist eine quadratische oder rechteckige Form zu bevorzugen. Fernsehgeräte oder Stereoanlagen gehören in den Südosten oder Süden des Wohnzimmers, damit sie mit ihren starken elektrischen Feldern nicht die Himmelsrichtungen leichter hochwertiger Energien belasten. Im Nordwesten besteht die Gefahr, dass das Fernsehgerät unentwegt eingeschaltet ist und somit eine Unmenge von Zeit verschlingt. Falls es im Südwesten steht, sind ständige Störungen zu erwarten.

Schwere Sitzgarnituren stehen im Süden, Südwesten oder Westen ideal. Der Nordosten ist ein guter Platz für eine Sitzgelegenheit aus leichten Stühlen und einem kleinen Tisch. Schwere Couchgarnituren nicht direkt an nördliche oder östliche Wände stellen, sondern in einigem Abstand dazu.

Aquarien, Zierbrunnen oder andere Wasserspiele gehören in den Osten, den Nordosten oder Norden, wo sie die positiven Energien dieser Richtungen unterstützten. Der Esstisch steht im Süden, Westen oder Osten des Wohnzimmers wunderbar. Hier wird eine ungestörte Verdauung gefördert. Große Zimmerpflanzen in schweren Töpfen gehören nicht in den Nordosten, Norden oder Osten; sie stehen besser im Süden, Westen oder Südwesten.

Bilder mit spirituellen Motiven oder Bilder, die einen Wasserfall zeigen, hängt man am besten in der nordöstlichen Ecke auf; auf traurige Bilder im Wohnzimmer sollte man ganz verzichten.

Im Zentrum des Raums sollte keine schwere Lampe hängen, damit die Mitte nicht durch schwere Gewichte belastet wird. Das entspricht auch der Regel des Feng Shui: Das Zentrum des Raums, der Wohnung beziehungsweise des Hauses stellt das Zentrum der Lebenskraft dar, die von dort aus in alle anderen Teile des Raums, in die anderen Zimmer strömt. Der freie Raum in der Mitte dient der Dynamik und Vitalität und sollte nicht verstellt werden. Schwere Lampen versetzt man daher am besten aus dem Zentrum heraus in Richtung Westen.

Rot oder dunkel gestrichene Wände sind sehr ungünstig, helle Töne ratsam.

Wie Farben wirken

Unabhängig davon, wo der Raum liegt und welche Personen in ihm leben, haben Farben bestimmte Wirkungen auf den Menschen, sein Verhalten und seine Beziehungen. Bei der Auswahl von Farben für die Wohnung sollten drei Kriterien berücksichtigt werden:

1. Die Raumfunktion: Welche Farbe passt zur Raumfunktion?
2. Die Himmelsrichtung: Welche Farbe passt zur Himmelsrichtung?
3. Die Menschen: Welche Farbe passt zu den Personen, die sich hier aufhalten?

Farbe und Raumfunktion

In der folgenden Tabelle finden Sie die Eigenschaften der Farben und ihre Wirkung – vor allem im Zusammenhang mit Familie und Partnerschaft – zusammengefasst:

Farbe	Wirkung
Weiß	fördert emotionale Ausgeglichenheit, fördert den mütterlichen Anteil, erweckt ein Gefühl der Fürsorge
Gelb, Gold	wirkt konzentrierend, zusammenziehend

Farbe	Wirkung
Orange	stärkt das Selbstbewusstsein, wärmt, gibt Kraft für etwas Neues, inspiriert, stärkt Gesundheit; Kraftspender bei körperlicher Verausgabung; wirkt gegen Kraftlosigkeit und Depression
kräftiges, leuchtendes Rot	stärkt Leidenschaft und Sexualität, stärkt Antrieb und Motivation; extreme Energetisierung bei Spitzenleistung, starke Kreislaufstimulation; fördert die Tendenz zu Streit und Konflikten
Violett	fördert geistige Sammlung, Meditation und geistig-seelische Regeneration
Königsblau, Himmelblau	schenkt Ruhe, Gelassenheit; lindert Stress und Schmerz; entspannt die Muskulatur; senkt den Blutdruck
Grün	fördert seelische und körperliche Harmonie; wirkt besänftigend, harmonisiert den Stoffwechsel

Tabelle 8: Eigenschaften und Wirkungen von Farben

Jeder Raumfunktion ist ein bestimmter Planet zugeordnet und zu jedem Planeten gehören wiederum Resonanzfarben – das sind Farben, die seinen Einfluss stärken. Hier finden Sie die Zuordnung der Planeten und der ihnen entsprechenden Farben:

Planet	Resonanzfarbe
Sonne	Kupferfarben, Orange
Mond	Weiß, Silber
Mars	kräftiges, leuchtendes Rot
Merkur	Grün
Jupiter	Gelb, Gold
Venus	Königsblau, Himmelblau, vielfarbig

Planet	Resonanzfarbe
Saturn	Schwarz
Rahu	Grau, Stahlgrau
Ketu	Braun

Tabelle 9: Zuordnung von Planeten und Farben

Um eine bestimmte Raumfunktion durch Farben zu unterstützen, kann man gezielt Farben auswählen, die den dieser Funktion zugeordneten Planeten unterstützen, und zusätzlich die Resonanzfarben der mit ihm befreundeten Planeten auswählen. In der nachfolgenden Tabelle finden Sie die Freunde der einzelnen Planeten und die dem Planeten und seinen Freunden zugeordneten Farben mit unterstützender beziehungsweise neutraler Wirkung. Diese können verwendet werden, um den Einfluss eines Planeten im Wohnraum zu unterstreichen.

Planet	Freunde	förderliche Farben	neutrale Farben
Sonne	Mond, Mars, Jupiter	*Orange*, Weiß, Rot, Gelb	Grün
Mond	Sonne, Merkur, Venus, Saturn	*Weiß*, Orange, Grün, Blau, Schwarz	Rot, Gelb
Mars	Sonne, Mond, Jupiter	*Rot*, Orange, Weiß, Gelb	Blau, Grün
Merkur	Sonne, Venus	*Grün*, Orange, Blau	Rot, Schwarz
Jupiter	Sonne, Mond, Mars	*Gelb*, Orange, Weiß, Rot	Schwarz
Venus	Merkur, Saturn	*Blau*, Grün, Schwarz	Rot
Saturn	Merkur, Venus	*Schwarz*, Grün, Blau	Gelb
Rahu, Ketu	Merkur, Venus, Saturn	*Grau* und *Braun*, Grün, Blau, Schwarz	Rot

Tabelle 10: Den Planeten zugeordnete Freunde, förderliche und neutrale Farben

Beispiel 1:
Das Schlafzimmer wird von Venus beherrscht. Die Resonanzfarbe von Venus ist Königsblau. Weiterhin sind Grün, Schwarz und Rot Planeten zugeordnet, die eine positive oder neutrale Beziehung zu Venus haben. Es ist daher förderlich, diese Farben für die Wände eines Schlafzimmers zu verwenden, während man die Farben ihrer Feinde – wie etwa Weiß und Orange – auf keinen Fall auswählen sollte.

Beispiel 2:
Für eine Küche lässt sich das gleiche Prinzip auf den Planeten Mars anwenden. Die Farben Rot, Orange, Weiß, Gelb, Blau und Grün stehen mit Mars in einer positiven oder zumindest neutralen Verbindung und können daher in einer Küche verwendet werden.

Im Folgenden finden Sie die förderlichen, neutralen und zu vermeidenden Farben für unterschiedliche Raumfunktionen aufgelistet:

Raumfunktion	Planet	förderliche Farben	neutrale Farben	zu vermeidende Farben
Meditationsraum, Therapieraum	Jupiter	*Gelb,* Orange, Weiß, Rot	Grün	Schwarz, Blau, Grau, Braun
Badezimmer	Mond	*Weiß,* Orange, Grün, Blau, Schwarz	Rot, Gelb	Grau, Braun
Küche Kaminzimmer	Mars	*Rot,* Orange, Weiß, Gelb	Blau, Grün	Schwarz
Büro, Gästezimmer, Rezeption	Merkur	*Grün,* Orange, Blau	Rot, Schwarz	Weiß

Raumfunktion	Planet	förderliche Farben	neutrale Farben	zu vermeidende Farben
Kinderzimmer	Jupiter	*Gelb*, Orange, Weiß, Rot	Schwarz	Grün, Blau, Grau, Braun
Schlafzimmer Wohnzimmer	Venus	*Blau*, Grün, Schwarz	Rot	Orange, Weiß
Abstellraum	Saturn	*Schwarz*, Grün, Blau	Gelb	Orange, Weiß, Rot

Tabelle 11: Den Raumfunktionen zugeordnete Planeten und Farben

Vasati-Defekte durch Farben ausgleichen

Man kann Farben nun einsetzen, um gezielt geschwächte Planeteneinflüsse auszugleichen. Ist ein Planet in einem Teil des Gebäudes durch energetische Defekte geschwächt, kann er mit Hilfe der ihm zugeordneten Farbe gestärkt werden.

Man sollte hier allerdings Vorsicht walten lassen: So ist nicht anzuraten, einen Raum mit einem Defekt im Südwesten, bei dem Rahu geschwächt ist, dunkel oder sogar schwarz zu streichen, da hierdurch der negative Effekt noch gestärkt würde. Stattdessen bieten sich helle Farben an, die dem Rahu-Defekt entgegenwirken, insbesondere die Farben der stark positiven Planeten Jupiter (Gelb), Merkur (Grün) und Venus (Blau und vielfarbig). Das Gleiche gilt für den Planeten Saturn, dessen Energie bei Defekten, die Saturn-Aspekte des Hauses betreffen ebenfalls nicht durch dunkle blaue Farbtöne gestärkt werden sollte. Im Süden ist es gut, mit der Energie von Mars vorsichtig umzugehen. Gibt es hier ernsthafte Defekte, beispielsweise große Fensterflächen auf der Südseite, sollte der hierdurch hervorgerufene störende Einfluss des Planeten Mars nicht zusätzlich durch rote Farbtöne gestärkt werden.

In anderen Richtungen bietet sich eine Korrektur mit der Farbe des jeweils herrschenden Planeten jedoch an: Beispielsweise kann einem Defekt im Nordosten ausgleichend entgegengewirkt werden, indem man den betreffenden Bereich in Gelb streicht, das dem Planeten Jupiter zugeordnet ist.

In besonderem Maße gilt diese Regel für den vom Planeten Merkur beherrschten Norden. Ein Defekt im Norden, wie beispielsweise eine vollständige Blockade dieser Richtung oder eine falsche Nutzung als Abstellraum, kann in seiner negativen Wirkung vermindert werden, wenn man den betreffenden Bereich in hellen grünen Farbtönen streicht.

Auch im Nordwesten kann die Stellung des dort herrschenden Mondes gestärkt werden, indem man diesen Bereich in Mondfarben wie Weiß oder Silbrig-Weiß streicht. Diese Maßnahme bietet sich an, wenn es im Nordwesten einen Fehlbereich gibt.

Fehlende Fenster im Osten oder eine andere Beeinträchtigung der Präsenz der Sonne im Haus kann durch die Verwendung starker Sonnenfarben ausgeglichen werden.

Im Südosten des Hauses kann einer Schwächung der Venus-Energie durch die Verwendung blauer Farbtöne entgegengewirkt werden.

Die folgende Liste empfiehlt Farben, die die wichtigsten Defekte im betreffenden Bereich ausgleichen:

- *blockierter oder fensterloser Norden:* grüne Farbtöne
- *Defekte im Nordosten:* gelbe Farbtöne
- *blockierter oder fensterloser Osten:* Sonnenfarben
- *Fehlbereich im Nordwesten:* große weiße Flächen
- *Fehlbereich im Südosten:* blaue Farbtöne und Farben des Feuers
- *Fehlbereich im Südwesten:* Erdfarben

Bei all diesen Maßnahmen sollte man sich bewusst sein, dass mit einer geeigneten Farbgebung allein keine schwerwiegenden Defekte behoben werden können. Hierfür muss man auf der baulichen Ebene Veränderungen vornehmen oder stärkere feinstoffliche Mittel zur

Korrektur einsetzen, wie zum Beispiel Yantras, Meru-Chakra oder Vasati-Pyramide. Aber auch mit Hilfe von Farben kann ein spürbarer Ausgleich auf der emotionalen und energetischen Ebene erreicht werden.

Farbe und Himmelsrichtung

Nach dem gleichen Prinzip lässt sich ermitteln, welche Farben in den verschiedenen Himmelsrichtungen vorteilhaft wirken. Der Osten wird beispielsweise von der Sonne beherrscht. Die Farbe der Sonne (Orange) und die Farben der Freunde der Sonne (Weiß, Rot und Gelb) wirken sich daher in östlich gelegenen Räumen förderlich aus. Der folgenden Tabelle kann man entnehmen, welche Farben zu den einzelnen Himmelsrichtungen passen:

Himmels-richtung	förderliche Farben	neutrale Farben	zu vermeidende Farben
Norden	Grün, Orange, Blau	Rot, Schwarz	Weiß
Nordosten	Gelb, Orange, Weiß, Rot	Schwarz	Grün, Blau, Grau, Braun
Osten	Orange, Weiß, Rot, Gelb	Grün	Schwarz, Blau, Grau, Braun
Südosten	Blau, Grün, Schwarz	Rot	Orange, Weiß
Süden	Rot, Orange, Weiß, Gelb	Blau, Grün	
Südwesten	Grün, Blau, Schwarz	Rot	Orange, Weiß, Gelb

Himmelsrichtung	förderliche Farben	neutrale Farben	zu vermeidende Farben
Westen	Schwarz, Grün, Blau	Gelb	Orange, Weiß, Rot
Nordwesten	Weiß, Orange, Grün, Blau, Schwarz	Rot, Gelb	Grau, Braun

Tabelle 12: Farben und Himmelsrichtungen

Will man nun für einen bestimmten Raum die passenden Farben finden, verbindet man die Informationen der beiden vorangehenden Abschnitte miteinander.

Beispiel:
Für eine Küche im Südosten kommen die Farben in Frage, die mit der Himmelsrichtung Südosten und der Raumfunktion in Einklang stehen. Zum Südosten passen Blau, Grün, Schwarz und Rot; zur Küche Rot, Orange, Weiß, Gelb, Blau und Grün. Also sind die Farben Blau, Grün und Rot ideal für eine Küche im Südosten. Weiß, Orange, Gelb und Schwarz wären zu vermeiden, da sie entweder nicht zu der Himmelsrichtung oder zur Raumfunktion passen.

Die folgenden Tabellen geben an, welche Farben mit den einzelnen Raumfunktionen in den verschiedenen Himmelsrichtungen harmonieren:

Küche

Himmelsrichtung	förderliche Farben	zu vermeidende Farben
Norden	Grün, Orange, Blau, Rot	Weiß, Schwarz

Himmelsrichtung	förderliche Farben	zu vermeidende Farben
Nordosten	Gelb, Orange, Weiß, Rot	Grün, Blau, Grau, Braun, Schwarz
Osten	Orange, Weiß, Rot, Gelb, Grün	Schwarz, Blau, Grau, Braun
Südosten	Blau, Grün, Rot	Orange, Weiß, Schwarz
Süden	Rot, Orange, Weiß, Gelb, Blau, Grün	Schwarz
Südwesten	Grün, Blau, Rot	Orange, Weiß, Gelb, Schwarz
Westen	Grün, Gelb, Blau	Orange, Weiß, Rot, Schwarz
Nordwesten	Weiß, Orange, Grün, Blau, Rot, Gelb	Grau, Braun, Schwarz

Tabelle 13

Schlafzimmer, Wohnzimmer, Speisezimmer

Himmelsrichtung	förderliche Farben	zu vermeidende Farben
Norden	Grün, Blau, Rot, Schwarz	Weiß, Orange
Nordosten	Gelb, Rot, Schwarz	Grün, Blau, Grau, Braun, Orange, Weiß
Osten	Rot, Gelb, Grün	Schwarz, Blau, Grau, Braun, Orange, Weiß
Südosten	Blau, Grün, Schwarz, Rot	Orange, Weiß

Himmelsrichtung	förderliche Farben	zu vermeidende Farben
Süden	Rot, Gelb, Blau, Grün	Orange, Weiß
Südwesten	Grün, Blau, Schwarz, Rot	Orange, Weiß, Gelb
Westen	Schwarz, Grün, Blau, Gelb	Orange, Weiß, Rot
Nordwesten	Grün, Blau, Schwarz, Rot, Gelb	Grau, Braun, Weiß, Orange

Tabelle 14

Badezimmer

Himmelsrichtung	förderliche Farben	zu vermeidende Farben
Norden	Grün, Orange, Blau, Rot, Schwarz	Weiß, Grau, Braun
Nordosten	Gelb, Orange, Weiß, Rot, Schwarz	Grün, Blau, Grau, Braun
Osten	Orange, Weiß, Rot, Gelb, Grün	Schwarz, Blau, Grau, Braun
Südosten	Blau, Grün, Schwarz, Rot	Orange, Weiß, Grau, Braun
Süden	Rot, Orange, Weiß, Gelb, Blau, Grün	
Südwesten	Grün, Blau, Schwarz, Rot	Orange, Weiß, Gelb, Grau, Braun
Westen	Schwarz, Grün, Blau, Gelb	Orange, Weiß, Rot, Grau, Braun

Himmelsrichtung	förderliche Farben	zu vermeidende Farben
Nordwesten	Weiß, Orange, Grün, Blau, Schwarz, Rot, Gelb	Grau, Braun

Tabelle 15

Kinderzimmer

Himmelsrichtung	förderliche Farben	zu vermeidende Farben
Norden	Orange, Rot, Schwarz	Weiß, Grün, Blau, Grau, Braun
Nordosten	Gelb, Orange, Weiß, Rot, Schwarz	Grün, Blau, Grau, Braun
Osten	Orange, Weiß, Rot, Gelb	Schwarz, Blau, Grau, Braun, Grün
Südosten	Schwarz, Rot	Orange, Weiß, Grün, Blau, Grau, Braun
Süden	Rot, Orange, Weiß, Gelb	Grün, Blau, Grau, Braun
Südwesten	Schwarz, Rot	Orange, Weiß, Gelb, Grün, Blau, Grau, Braun
Westen	Schwarz, Gelb	Orange, Weiß, Rot, Grün, Blau, Grau, Braun
Nordwesten	Weiß, Orange, Schwarz, Rot, Gelb	Grau, Braun, Grün, Blau

Tabelle 16

Büro, Gästezimmer

Himmelsrichtung	förderliche Farben	zu vermeidende Farben
Norden	Grün, Orange, Blau, Rot, Schwarz	Weiß
Nordosten	Gelb, Orange, Rot, Schwarz	Grün, Blau, Grau, Braun, Weiß
Osten	Orange, Rot, Gelb, Grün	Schwarz, Blau, Grau, Braun, Weiß
Südosten	Blau, Grün, Schwarz, Rot	Orange, Weiß
Süden	Rot, Orange, Gelb, Blau, Grün	Weiß
Südwesten	Grün, Blau, Schwarz, Rot	Orange, Weiß, Gelb
Westen	Schwarz, Grün, Blau, Gelb	Orange, Weiß, Rot
Nordwesten	Orange, Grün, Blau, Schwarz, Rot, Gelb	Grau, Braun, Weiß

Tabelle 17

Meditationsraum

Himmelsrichtung	förderliche Farben	zu vermeidende Farben
Norden	Grün, Orange, Rot	Weiß, Schwarz, Blau, Grau, Braun
Nordosten	Gelb, Orange, Weiß, Rot	Grün, Blau, Schwarz, Grau, Braun

Himmelsrichtung	förderliche Farben	zu vermeidende Farben
Osten	Orange, Weiß, Rot, Gelb, Grün	Schwarz, Blau, Grau, Braun
Südosten	Grün, Rot	Orange, Weiß, Schwarz, Blau, Grau, Braun
Süden	Rot, Orange, Weiß, Gelb, Grün	Schwarz, Blau, Grau, Braun
Südwesten	Grün, Rot	Orange, Weiß, Gelb, Schwarz, Blau, Grau, Braun
Westen	Grün, Gelb	Orange, Weiß, Rot, Schwarz, Blau, Grau, Braun
Nordwesten	Weiß, Orange, Grün, Rot, Gelb	Grau, Braun, Schwarz, Blau

Tabelle 18

Abstellraum

Himmelsrichtung	förderliche Farben	zu vermeidende Farben
Norden	Grün, Blau, Schwarz	Orange, Weiß, Rot
Nordosten	Gelb, Schwarz	Grün, Blau, Grau, Braun, Orange, Weiß, Rot
Osten	Gelb, Grün	Schwarz, Blau, Grau, Braun, Orange, Weiß, Rot
Südosten	Blau, Grün, Schwarz	Orange, Weiß, Rot

Himmelsrichtung	förderliche Farben	zu vermeidende Farben
Süden	Gelb, Blau, Grün	Orange, Weiß, Rot
Südwesten	Grün, Blau, Schwarz	Orange, Weiß, Gelb, Rot
Westen	Schwarz, Grün, Blau, Gelb	Orange, Weiß, Rot
Nordwesten	Grün, Blau, Schwarz, Gelb	Grau, Braun, Orange, Weiß, Rot

Tabelle 19

Die Planeteneinflüsse im Horoskop durch Resonanzfarben stärken

Jeder Mensch hat in seinem Horoskop geschwächte Planeten. Sie weisen auf Bereiche unseres Bewusstseins hin, die wir in diesem Leben noch weiterentwickeln können. Sie zeigen uns die Aufgaben und Herausforderungen in unserem Leben. Ein großer Teil dieser Aufgaben und Herausforderungen begegnet uns im Bereich „Liebe, Partnerschaft und Familie", denn gerade in familiären Beziehungen und in der Partnerschaft ist es besonders schwierig, der jeweiligen Konfrontation oder Herausforderung auszuweichen. Und darin liegt der Sinn stabiler Beziehungen oder Familienbande: Sie geben uns die Chance, an uns selbst zu arbeiten und Schattenbereiche unseres eigenen Bewusstseins mit Licht und Liebe zu erfüllen. Ist ein Planet in unserem Horoskop geschwächt, so kann sich das in unseren Beziehungen folgendermaßen ausdrücken:

Planet	Auswirkung bei Schwächung	betroffene Personen
Sonne	mangelndes Selbstbewusstsein, fehlendes Durchsetzungsvermögen	Vater, Autoritäts-personen
Mond	geringe psychische Stabilität, Depressionen; mangelnde Fürsorge für andere; emotionale Instabilität, schwache Ausstrahlung	Mutter
Mars	fehlende Leidenschaft; mangelnde Fähigkeit, Konflikte auszutragen; sexuelle Schwäche, fehlender Antrieb, Lustlosigkeit	Männer, Konkurrenten
Jupiter	fehlende Moral, schlecht ausgeprägtes Unterscheidungsvermögen	Kinder, Lehrer, Priester, Ratgeber, Ehemann
Venus	mangelnde Klarheit in Beziehungen; für Frauen: geschwächte Beziehung zur eigenen Weiblichkeit, die eigene Weiblichkeit kommt nicht zum Ausdruck; bei Männern: gestörte Beziehung zu Frauen	Frauen im Allgemeinen
Saturn	mangelnde Verlässlichkeit in der Beziehung; fehlendes Verantwortungsbewusstsein; Beziehungen halten nicht lange	ältere Menschen, Kranke

Tabelle 20

Eine sehr einfache, aber effektive Methode, um einen Planeten zu stärken, besteht darin, die ihm zugeordnete Farbe auf sich wirken zu lassen. Das kann geschehen, indem man Kleidungsstücke in der entsprechenden Farbe trägt. Man kann jedoch auch in Bettwäsche in der dem betreffenden Planeten zugeordneten Farbe schlafen – was besonders effektiv ist, da man einen großen Teil seines Lebens im Bett verbringt. Außerdem ist die Phase des Schlafes für die Regeneration des Körpers und des Geistes besonders wichtig, da ein Mensch gerade im Tiefschlaf und beim Träumen für feinstoffliche und energetische Einflüsse offen ist. Wir nehmen Farben nicht nur durch die Augen wahr, sondern auch über die

Haut und das uns umgebende Energiefeld der Aura. Viele Menschen können die Aura als farbige Lichterscheinung um den physischen Körper herum sehen. Sie tritt mit den Energien und Eigenschaften ihrer Umgebung in Wechselwirkung. Und so ist es äußerst wichtig, die richtigen Wandfarben auszuwählen für das Haus oder die Wohnung, vor allem aber für die Räume, in denen man sich täglich längere Zeit aufhält: für das Schlafzimmer und das Arbeitszimmer.

Farben, die Sie vermeiden sollten

Im Horoskop jedes Menschen gibt es positiv und negativ wirkende Planeten, die mit seinem Aszendenten in Zusammenhang stehen. Die Farben, die den „negativen Planeten" zugeordnet sind, sollten wir meiden, während uns die Farben der „positiven Planeten" helfen, Schwächen in unserem Horoskop auszugleichen. Die folgende Tabelle gibt hierüber Aufschluss:

	Aszendent	zu vermeidende Farben	förderliche Farben
1	**Widder**	Grün, Grau und Braun	Orange, Weiß, Rot, Gelb, Königsblau, Schwarz
2	**Stier**	Königsblau, Gelb, Rot, Grau und Braun	Orange, Weiß, Grün, Schwarz
3	**Zwilling**	Grau und Braun	Orange, Weiß, Rot, Grün, Gelb, Königsblau, Schwarz
4	**Krebs**	Schwarz, Gelb, Grau und Braun	Orange, Weiß, Rot, Grün, Königsblau

	Aszendent	zu vermeidende Farben	förderliche Farben
5	**Löwe**	Weiß, Grau und Braun	Orange, Rot, Grün, Gelb, Königsblau, Schwarz
6	**Jungfrau**	Schwarz, Rot, Orange, Grau und Braun	Weiß, Grün, Gelb, Königsblau
7	**Waage**	Grün, Grau und Braun	Orange, Weiß, Rot, Gelb, Königsblau, Schwarz
8	**Skorpion**	Rot, Königsblau, Grau und Braun	Orange, Weiß, Grün, Gelb, Schwarz
9	**Schütze**	Weiß, Grau und Braun	Orange, Rot, Grün, Gelb, Königsblau, Schwarz
10	**Steinbock**	Orange, Gelb, Grau und Braun	Weiß, Rot, Grün, Königsblau, Schwarz
11	**Wassermann**	Weiß, Grün, Grau und Braun	Orange, Rot, Gelb, Königsblau, Schwarz
12	**Fische**	Orange, Königsblau, Schwarz, Grau und Braun	Weiß, Rot, Grün, Gelb

Tabelle 21

Eine weitere sehr wirkungsvolle Methode, um mit den Farben der Planeten zu arbeiten, die man stärken will, ist, in der Wohnung farbiges Licht zu verwenden. Die Wellen des Lichtes treten mit dem elektromagnetischen Feld des Körpers in Wechselwirkung und beeinflussen so Körper und Geist auf einer tiefen Ebene. Besonders wirkungsvoll sind Farben bei der Vorbeugung und Therapie psychischer und emotionaler Störungen. Gute Ergebnisse wurden hier in der unterstützenden Behandlung von Epilepsie, Depressionen und anderen psychischen

Störungen erzielt. Energetische Störungen der Aura, die ebenfalls häufig mit dem emotionalen Befinden des Menschen zusammenhängen, lassen sich auch ausgleichen, indem Farben gezielt eingesetzt werden.

Es ist wichtig, die Farben der „negativen Planeten" zu meiden und die Farben der „positiven Planeten" gezielt einzusetzen. Trägt beispielsweise ein Mensch mit Aszendent Steinbock orangefarbene Kleidung und befindet sich in einem Raum, dessen Wände orange gestrichen sind, so wird auf diese Weise die Sonne, der die Farbe Orange zugeordnet ist, gestärkt, sodass ihre *negative* Wirkung unterstützt wird. Für einen Menschen mit Aszendent Steinbock ist die Sonne ein negativer Planet und verursacht daher Hindernisse, Schwierigkeiten und chronische Krankheiten. So sollte auch ein Mensch mit Aszendent Löwe im Geburtshoroskop der Farbe Orange weitestgehend aus dem Weg gehen. Das bedeutet natürlich nicht, dass man sich weigern sollte, einen in Orange gestrichenen Raum zu betreten oder ein orangefarbenes Auto zu fahren. Auch hier sind Extreme zu vermeiden; kann man allerdings in bestimmten Situationen eine Farbe bewusst wählen, dann sollte man besonders auf diese Prinzipien achten.

Eine positive Wirkung kann auch erzielt werden, wenn man farbiges Vollspektrumlicht einsetzt, das von seiner Farbqualität her weitestgehend dem natürlichen Licht der Sonne entspricht.

Anhang

Die zehn wichtigsten Tipps für die Gestaltung Ihres Wohnraums

Hier finden Sie die zehn wichtigsten Bereiche noch einmal zusammengefasst, auf deren Einrichtung und Gestaltung man besonders achten sollte, um Beziehungen, Liebe und Partnerschaft im Leben der Menschen zu unterstützen:

1. Gestalten Sie den Nordosten sauber, offen und leicht. Das ist wichtig für die Verwirklichung Ihres Kinderwunsches und für die Entwicklung, Ausbildung und ganz allgemein für das Wohlergehen der Kinder; für die Autorität des Vaters und die spirituelle Entwicklung aller Bewohner des Hauses.

2. Halten Sie den Osten und den Norden offen, niedrig, leicht und sauber und geben Sie diesen Himmelsrichtungen möglichst viel Raum – sowohl auf dem Grundstück als auch im Gebäude selbst. Diese Eigenschaften sind wichtig für das Wohlergehen aller Bewohner. Die Qualität der männlichen und weiblichen

Lebensenergien im Haus hängt ebenfalls von der Offenheit dieser Richtungen ab.

3. Den Nordwesten sollten Sie beweglich und leicht gestalten, weder zu stark noch zu wenig geöffnet. Das fördert die Kommunikation und Beziehungen in der Familie. Die emotionale Befindlichkeit der Einzelnen hängt ebenfalls von den Eigenschaften des Nordwestens ab.

4. Legen Sie den Haupteingang in einen vorteilhaften Bereich (siehe unter „Der Haupteingang des Hauses“, Seite 42 ff.). Ein Eingang im Südosten oder Nordwesten kann Betrug und Streit, im Westen Scheidung und Trennung und im Süden fehlende Moral unterstützen. Befindet sich der Eingang im Südwesten, ist es schwierig, Kinder zu zeugen und eine Familie aufzubauen.

5. Geben Sie im Südosten dem Feuer-Element hinreichend Raum, gestalten Sie ihn beweglich und ohne Wasser. Das wirkt sich positiv auf Liebe, Sexualität und auf die Beziehungen im Allgemeinen aus. Ist das Element Feuer im Südosten gestört, kommt es möglicherweise gehäuft zu Streit und Betrug.

6. Gestalten Sie den Südwesten des Hauses und des Grundstücks stark und nicht zu offen, sonst sind schädliche Einflüsse durch Eltern, Ahnen und negative feinstoffliche Energien zu erwarten.

7. Legen Sie die Küche in eine vorteilhafte Himmelrichtung und richten Sie sie entsprechend ein. Die ideale Himmelsrichtung für die Küche ist der Südosten und den Herd stellen Sie ebenfalls am besten in den Südosten des Raums. Liebe geht bekanntlich durch den Magen, und so hängen von der optimalen Lage und Einrichtung der Küche auch die Qualität der Beziehungen und die sexuelle Zufriedenheit ab.

8. Lassen Sie den Westen stark, schwer und nicht zu offen sein, sonst könnte ein negativer Saturn-Einfluss zu Trennung oder Scheidung führen.

9. Halten Sie die männlichen und die weiblichen Energien im Haus ausgeglichen: Die Nord- und Astströme der Lebensenergie sollten ausgewogen sein und die Sonnen- und Mondfenster sollten die weiblichen und männlichen Bewohner in ausgewogenem Maße fördern.

10. Halten Sie das Zentrum des Hauses frei. Das fördert die Kommunikation und den Austausch von Energien im Haus und unter den hier lebenden Menschen.

Einfache Korrekturmittel bei Beziehungsproblemen

Häufig sind es die kleinen Dinge, die im Leben Großes bewirken. So gibt es auch im Vasati einige einfache Korrekturen, mit deren Hilfe man in vielen Fällen eine deutlich positive Wirkung auch im Bereich der zwischenmenschlichen Beziehungen erzielen kann. Hier finden Sie einige dieser kleinen Korrekturmittel:

- Stellen Sie einen Strauß vielfarbiger Blumen im Südosten des Raums auf, um Liebe, Kommunikation und den Einfluss von Venus zu stärken.

- Verwenden Sie Venus-Farben (vielfarbig und Königsblau) im Südosten, um den Einfluss von Venus im Bereich „Liebe und Partnerschaft" zu unterstützen.

- Hängen Sie das spirituelle Mond-Yantra im Nordwesten des Raums, der Wohnung beziehungsweise des Hauses auf – es fördert Kommunikation, Verständnis und die emotionale Zufriedenheit in Beziehungen.

- Bringen Sie das spirituelle Venus-Yantra im Südosten des Raums oder Hauses an; hier unterstützt es Liebe, Güte und Partnerschaft.

- Das Shri-Yantra oder Meru-Chakra im Norden oder Nordosten des Hauses fördert die moralische Grundlage einer Beziehung. Es mag auch bei ungewollter Kinderlosigkeit helfen.

- Bringen Sie das Gewicht aus dem Nordosten in den Südwesten, so verbessert sich das gesamte Wohlbefinden im Haus und Blockaden in Partnerschaft und Liebe können sich auflösen.

- Hängen Sie ein spirituelles Venus-Yantra über dem Bett am Kopfende auf, es kann Sie besser schlafen lassen und helfen, den sexuellen Aspekt der Partnerschaft harmonischer zu gestalten.

- Hängen Sie Bilder, auf denen Szenen der Liebe und Schönheit zu sehen sind, im Südosten des Hauses, der Wohnung oder der Räume auf, sie können helfen, den Einfluss von Venus zu stärken, und unterstützen auf diese Weise Liebe und Partnerschaft.

- Bilder, auf denen die aufgehende Sonne zu sehen ist, sind im Osten des Hauses am richtigen Platz. Hier unterstützen sie die männlichen Energien der Sonne und können auf diese Weise Gesundheit und Inspiration aller Bewohner fördern.

- Wenn Sie Landschafts-, Natur- und Wasserbilder im Norden des Gebäudes oder der Räume aufhängen, können sie die weiblichen Energien, die Kommunikation und das emotionale Gleichgewicht stärken.

- Platzieren Sie im Zentrum des Hauses ein *Nawaratna*-Medaillon um alle Planeteneinflüsse zu harmonisieren. Das Nawaratna-Medaillon ist ein Medaillon aus Gold oder Silber, das die Edelsteine aller neun Planeten in einer bestimmten Anordnung enthält.

- Bewahren Sie Schmuck im Südosten des Hauses, der Wohnung beziehungsweise des Raums auf, um den positiven Einfluss von Venus auf Liebe und Partnerschaft zu stärken.

Die individuelle Qualität der Himmelsrichtungen

Ich möchte an dieser Stelle ein einfaches System vorstellen, das es Ihnen ermöglicht, die Himmelsrichtungen herauszufinden, die für Sie persönlich förderlich sind. Hierzu muss zuerst Ihr Mond-*Nakshatra* bestimmt werden. In der vedischen Astrologie wird der gesamte Tierkreis in 27 gleich große Sternbilder unterteilt, die als *Nakshatras* bezeichnet werden. Das Mond-Nakshatra ist das Sternbild, in dem der Mond zur Zeit der Geburt steht. Also bestimmt man es anhand Ihres Geburtshoroskops. Haben Sie all diese Informationen, können Sie aus der folgenden Tabelle ablesen, in welchem der 27 Nakshatras sich der Mond in Ihrem (vedischen) Geburtshoroskop befindet:

Nr.	Nakshatra	Stand des Mondes im Geburtshoroskop
1	Ashwini	0°Wi 00′ - 13°Wi 20′
2	Bharani	13°Wi 20′ - 26°Wi 40′
3	Krittika	26°Wi 40′ - 10°Sti 00′

Nr.	Nakshatra	Stand des Mondes im Geburtshoroskop
4	Rohini	10° Sti 00′ - 23° St 20′
5	Mrigashira	23° Sti 20′ - 6° Zw 40′
6	Ardra	6° Zw 40′ - 20° Zw 00′
7	Punarvasu	20° Zw 00′ - 3° Kr 20′
8	Pushya	3° Kr 20′ - 16° Kr 40′
9	Ashlesha	16° Kr 40′ - 0° Lö 00′
10	Magha	0° Lö 00′ - 13° Lö 20′
11	Purvaphalguni	13° Lö 20′ - 26° Lö 40′
12	Uttaraphalguni	26° Lö 40′ - 10° Ju 00′
13	Hasta	10° Ju 00′ - 23° Ju 20′
14	Chitra	23° Ju 20′ - 6° Wa 40′
15	Swati	6° Wa 40′ - 20° Wa 00′
16	Vishaka	20° Wa 00′ - 3° Sk 20′
17	Anuradha	3° Sk 20′ - 16° Sk 40′
18	Jyeshtha	16° Sk 40′ - 0° Sch 00′
19	Mula	0° Sch 00′ - 13° Sch 20′
20	Purvashadha	13° Sch 20′ - 26° Sch 40′
21	Uttarashada	26° Sch 40′ - 10° Stb 00′
22	Shravana	10° Stb 00′ - 23° Stb 20′
23	Dhanistha	23° Stb 20′ - 6° Was 40′
24	Shatabhisha	6° Was 40′ - 20° Was 00′

Nr.	Nakshatra	Stand des Mondes im Geburtshoroskop
25	Purvabhadra	20°Was 00' - 3°Fi 20'
26	Uttarabhadra	3°Fi 20' - 16°Fi 40'
27	Revati	16°Fi 40' - 0°Wi 00'

Tabelle 22

Berechnung des Mond-Nakshatras

Wenn Sie das Mond-Nakshatra eines bestimmten Zeitpunkts - etwa eines Geburtstages (Geburtshoroskop) oder des Beginns eines Bauvorhabens - berechnen wollen, bedienen Sie sich der folgenden Methode:

Schritt 1: Bestimmen Sie die Stellung des Mondes im Tierkreis zur Ortszeit - entweder mit Hilfe eines Computerprogramms oder schauen Sie einfach in den Ephemeriden (inzwischen gibt es die Ephemeriden sogar im Internet) nach.

Beispiel: Am 2. Januar 1966 (Oldenburg) stand der Mond auf 13°09' im Tierkreiszeichen Stier.

Schritt 2: Nun berücksichtigen Sie die Korrektur der vedischen Astrologie und ziehen von diesem Stand des Mondes zur Ortszeit 23° ab (ein Tierkreiszeichen entspricht 30°).

Beispiel: Zieht man von 13°09' im Tierkreiszeichen Stier 23° ab, so ergibt sich ein Stand von 20°09' Widder.

Schritt 3: Jetzt können Sie aus Tabelle 22 das Nakshatra ablesen.

Außerdem müssen Sie wissen, in welchem Viertel *(Pada)* des Nakshatras sich Ihr Mond zur Zeit Ihrer Geburt befand. Jedes Nakshatra besteht wiederum aus vier Teilen (Padas) zu je 3°20′.

Beispiel: Das Nakshatra *Bharani* umfasst den Bereich von 13°20′ Widder bis 26°40′ Widder. Der Mond auf 20°09′ Widder liegt also laut Tabelle 22 im zweiten Viertel dieses Bereichs (20°00′ bis 23°20′). Das Mond-Nakshatra des betreffenden Zeitpunktes ist daher Bharani, 2. Pada.

Die Bestimmung der individuellen Himmelsrichtung

Mit dieser Information können Sie nun aus Tabelle 23 die einer Person oder einem Ereignis zugeordnete Himmelsrichtung entnehmen. (In unserem Beispiel entspricht Bharani, 2. Pada, der Himmelsrichtung Norden.)

	Nakshatra	1. Viertel	2. Viertel	3. Viertel	4. Viertel
1	Ashwini	Süden	Süden	Süden	Norden
2	Bharani	Norden	Norden	Norden	Norden
3	Krittika	Osten	Osten	Osten	Osten
4	Rohini	Osten	Norden	Norden	Norden
5	Mrigashira	Norden	Norden	Südosten	Südosten
6	Ardra	Südosten	Südosten	Südosten	Süden
7	Punarvasu	Südosten	Südosten	Nordosten	Nordosten
8	Pushya	Nordosten	Nordosten	Nordosten	Südwesten
9	Ashlesha	Südwesten	Südwesten	Südwesten	Südwesten
10	Magha	Nordwesten	Nordwesten	Nordwesten	Nordwesten
11	Purva-phalguni	Nordwesten	Südwesten	Südwesten	Südwesten

	Nashatra	1. Viertel	2. Viertel	3. Viertel	4. Viertel
12	Uttara-phalguni	Südwesten	Südwesten	Nordwesten	Nordwesten
13	Hasta	Nordwesten	Nordosten	Südwesten	Südwesten
14	Chitra	Nordwesten	Nordwesten	Norden	Norden
15	Swati	Norden	Norden	Norden	Westen
16	Vishaka	Westen	Westen	Westen	Westen
17	Anuradha	Westen	Westen	Westen	Westen
18	Jyeshtha	Westen	Norden	Norden	Norden
19	Mula	Norden	Norden	Nordwesten	Nordwesten
20	Purva-shadha	Nordwesten	Westen	Nordwesten	Südwesten
21	Uttara-shada	Nordwesten	Nordwesten	Süden	Süden
22	Shravana	Süden	Süden	Süden	Südosten
23	Dhanistha	Südosten	Südosten	Südosten	Südosten
24	Shatabhisha	Südosten	Nordosten	Nordosten	Nordosten
25	Purva-bhadra	Nordosten	Nordosten	Westen	Westen
26	Uttara-bhadra	Nordosten	Westen	Süden	Süden
27	Revati	Westen	Westen	Süden	Süden

Tabelle 23

Die einer bestimmten Person entsprechende Himmelsrichtung gibt Ihnen nun wertvolle Hinweise, welche spezifische Wirkung von den sieben restlichen Himmelsrichtungen auf den Betreffenden ausgeht. In der folgenden Liste finden Sie die Richtungen mit positivem Einfluss fett gedruckt.

Individuelle Richtung: Norden

- ***Norden:*** eigene Richtung – Gewinn, Glück, Erfolg
- ***Nordosten:*** angenehm, finanzielle Stärke
- ***Osten:*** Glück, landwirtschaftlicher Wohlstand, Ruhm
- *Südosten:* Krankheiten, Gebrauch von Medikamenten, Verlust der Gesundheit
- *Süden:* Schwierigkeiten durch Feinde, Streit
- *Südwesten:* Feindschaft ohne Grund, Ausgaben, Streit
- ***Westen:*** Wohlstand und Reichtum, Glück, Erfolg
- *Nordwesten:* Streit, Verantwortung für Unfall

Individuelle Richtung: Nordosten

- ***Nordosten:*** eigene Richtung – Erfolg, Ruhm, Freude
- ***Osten:*** finanzielle Stärke, Erfolg, Gewinn
- ***Südosten:*** großer Gewinn, Glück und Wohlergehen
- *Süden:* Krankheiten, Gebrauch von Medikamenten
- *Südwesten:* Furcht vor Feinden, Demütigung, Verlust von Geld
- *Westen:* Krankheiten, Feindschaft, Ausgaben
- ***Nordwesten:*** angemessen, Glück, hohe Ausgaben
- *Norden:* Tod, Krankheit, Agitation

Individuelle Richtung: Osten

- ***Osten:*** eigene Richtung – finanzielle Vorteile, Glück und Wohlstand
- ***Südosten:*** Glück, finanzielle Vorteile
- ***Süden:*** Glück und Freude

- *Südwesten:* Krankheit, Sorgen, Ausgaben
- *Westen:* Streit, Missverständnisse, Demütigung
- *Nordwesten:* Schwierigkeiten, Verluste, Probleme, gemischte Resultate
- ***Norden:*** Glück, Freude, Erfolg
- *Nordosten:* Furcht, Demütigung

Individuelle Richtung: Südosten

- ***Südosten:*** eigene Richtung – Erfüllung von Wünschen, Erfolg, Glück
- ***Süden:*** finanzielle Vorteile, Weisheit, Ruhm
- ***Südwesten:*** Freude, Glück, Vorteile im Leben
- *Westen:* Krankheit, Furcht, Sorge
- *Nordwesten:* Streit, Feindschaft, Sorgen, Furcht im Beruf
- *Norden:* gemischte Ergebnisse
- ***Nordosten:*** Wohlstand, Ansehen und Lebensstandard nehmen zu; Freude
- *Osten:* Schwierigkeiten und Verluste

Individuelle Richtung: Süden

- ***Süden:*** eigene Richtung – Freude, Gewinn
- ***Südwesten:*** finanzielle Gewinne, Pilgerreise, Zusammenkommen mit Freunden und Verwandten
- ***Westen:*** außerordentliche Freude
- *Nordwesten:* Krankheit, Sorgen
- *Norden:* Feindschaft, Furcht im Beruf, finanzielle Verluste
- *Nordosten:* Meinungsverschiedenheiten, Unterdrückung
- ***Osten:*** Gewinn, Freude durch Freunde, Weisheit
- *Südosten:* Furcht vor dem Tod, finanzielle Verluste

Individuelle Richtung: Südwesten

- ***Südwesten:*** eigene Richtung – große Gewinne, Erfolg
- ***Westen:*** finanzielle Stärke, Freude, Glück
- ***Nordwesten:*** mehr Gewinn, Freude, Glück, Erfolg
- *Norden:* Krankheit, Gebrauch von Medikamenten, Feindschaft
- *Nordosten:* Feindschaft, Furcht, Agitation
- *Osten:* gemischte Ergebnisse, Streit, Ausgaben
- ***Südosten:*** Wohlergehen, Wohlstand, Gewinne im Leben
- *Süden:* Unfälle, Probleme

Individuelle Richtung: Westen

- ***Westen:*** eigene Richtung – Erfolg, Gewinn, Glück
- ***Nordwesten:*** finanzielle Stärke, Respekt, Angemessenheit
- ***Norden:*** Glück, Wohlstand, Position, Ruhm
- *Nordosten:* gemischte Ergebnisse, Feindschaft, Krankheit
- *Osten:* Furcht vor Feinden, Demütigung, notwendige Aktivitäten, Geschäft
- *Südosten:* Streit, Furcht, Vorwürfe
- ***Süden:*** Wohlstand im Leben, Ruhm
- *Südwesten:* Schwierigkeiten und Verluste

Individuelle Richtung: Nordwesten

- ***Nordwesten:*** eigene Richtung – Fortschritt, Glück, Respekt
- ***Norden:*** Glück, Freude
- ***Nordosten:*** Gewinn, Ruhm, mehr Beziehungen, Erfolg
- *Osten:* Krankheit, Agitation, Gebrauch von Medikamenten
- *Südosten:* Furcht vor Feinden, Vorwürfe, Geschäft
- *Süden:* Feindschaft, Krankheit, Druck im Beruf, Ausgaben
- ***Südwesten:*** Wohlstand, Gewinne, Glück
- *Westen:* vermeiden!

Die den Himmelsrichtungen hier zugeordneten Eigenschaften sind nur als Tendenzen oder Neigungen zu verstehen, die sich manifestieren können, wenn sie durch zusätzliche Faktoren unterstützt oder verstärkt werden. Sie sollten versuchen, die für Sie vorteilhaften Himmelsrichtungen zu berücksichtigen, wenn es darum geht, die richtige Himmelsrichtung für Ihre verschiedenen Wohn- und Tätigkeitsbereiche im Haus beziehungsweise in der Wohnung zu finden und diese einzurichten. Unter keinen Umständen müssen Sie bestimmte Richtungen ganz und gar meiden oder sogar fürchten. Diese Informationen sind lediglich als Hinweise gedacht, wie Sie bestehende Probleme lösen und Schwierigkeiten in Zukunft vermeiden können.

Häufig auftretende Probleme und ihre Entsprechungen und Korrekturen im Vasati

In der folgenden Tabelle finden Sie die wichtigsten Probleme, die in der Partnerschaft und der Familie auftreten können, Vasati-Defekten zugeordnet, die möglicherweise zu diesen Schwierigkeiten beitragen. Diese Zuordnung ist sehr vereinfacht, die komplexen Zusammenhänge der individuellen Wohnsituation bleiben hier unberücksichtigt. Dennoch finden Sie wertvolle Hinweise, wie Sie die einem Problem zugeordneten Vasati-Defekte ausgleichen können. Es ist in jedem Fall immer am besten, den Defekt direkt anzugehen: Befindet sich etwa ein schwerer Schrank im Nordosten, dann sollte dieser entfernt und am besten in den Südwesten gestellt werden. Erst wenn diese direkte Lösung nicht möglich ist, verwenden Sie die Yantras als Korrekturmittel.

Partnerschaft

Problem	Vasati-Defekt	Lösung
Bereitschaft, sich zu ändern, fehlt in der Partnerschaft	Nordwesten völlig geschlossen	Mond-Yantra im Nordwesten; Nordwesten öffnen; Bewegung in den Nordwesten bringen
	Abstellraum im Nordwesten	Abstellraum leicht und beweglicher gestalten; Mond-Yantra im Nordwesten; Nordwesten öffnen; Bewegung in den Nordwesten bringen
	Fehlbereich im Nordwesten	Mond-Yantra im Nordwesten; Bewegung in den Nordwesten bringen

Problem	Vasati-Defekt	Lösung
Betrug in der Partnerschaft	Fehlbereich im Nordwesten	Mond-Yantra im Nordwesten
	Eingang im Nordwesten	Schutz-Yantra und Mond-Yantra „Rücken an Rücken" innen über der Eingangstür (Mond-Yantra schaut in den Raum)
	Eingang im Südosten	Schutz-Yantra und Venus-Yantra „Rücken an Rücken" innen über der Eingangstür (Venus-Yantra schaut in den Raum)
	Badezimmer im Südosten	Venus-Yantra außen über der Badezimmertür
	Schlafzimmer im Südosten	Schlafzimmer verlegen; Venus-Yantra über dem Kopfende des Bettes
Frau, die – fühlt sich sexuell unerfüllt	Schlafzimmer im Westen	Schlafzimmer verlegen; Venus-Yantra am Kopfende über dem Bett
	Schlafzimmer hat Fenster zum See	Venus-Yantra am Kopfende über dem Bett
	Badezimmer im Südosten	Venus-Yantra außen über der Badezimmertür
	Schlafzimmer im Nordosten	Venus-Yantra am Kopfende über dem Bett; Jupiter-Yantra außen über der Schlafzimmertür

Problem	Vasati-Defekt	Lösung
	Schlafzimmer im Norden	Venus-Yantra am Kopfende über dem Bett; Merkur-Yantra außen über der Schlafzimmertür
	Feuer fehlt im Südosten	das Element Feuer im Südosten durch eine Kerze, durch Farben usw. stärken
Frau, die – ist dominant/der Mann fühlt sich manipuliert	Norden offen, Osten geschlossen	Sonnen-Yantra im Osten
	Osten geschlossen und blockiert	Sonnen-Yantra im Osten
	Haus in Richtung Norden gerichtet	Sonnen-Yantra im Osten
	Nordwest-Südost-Achse im Haus dominant	Jupiter-Yantra im Nordosten; Rahu-Yantra im Südwesten
	Nordosten blockiert	Jupiter-Yantra im Nordosten; frisches Wasser im Nordosten
Humor und Heiterkeit fehlen in der Partnerschaft	Nordwesten völlig geschlossen	Mond-Yantra im Nordwesten; Nordwesten öffnen; Bewegung in den Nordwesten bringen
	Abstellraum im Nordwesten	Mond-Yantra im Nordwesten; Nordwesten öffnen; Bewegung in den Nordwesten bringen; Abstellraum leicht und beweglicher gestalten

Problem	Vasati-Defekt	Lösung
	Fehlbereich im Nordwesten	Mond-Yantra im Nordwesten; Bewegung in den Nordwesten bringen
	Norden blockiert oder geschlossen	Mond-Yantra im Norden; Bild mit Wasser und Landschaft im Norden; frisches Wasser im Norden
	Abstellraum im Norden	Abstellraum ausräumen; Merkur-Yantra im Nordwesten
Impotenz des Mannes	Nordosten blockiert und geschlossen	Wasser im Nordosten; Jupiter-Yantra im Nordosten; Nordosten leicht machen
	Toilette im Nordosten	Jupiter- und Ketu-Yantra „Rücken an Rücken" außen über der Toilettentür (Jupiter-Yantra schaut in den Raum)
	Osten blockiert und geschlossen	Sonnen-Yantra im Osten; frisches Wasser im Osten; Bild der aufgehenden Sonne im Osten; Osten leicht gestalten
	Schlafzimmer im Südosten	Schlafplatz wechseln; Venus-Yantra am Kopfende über dem Bett
	Schlafzimmer im Nordosten	Venus-Yantra am Kopfende über dem Bett; Jupiter-Yantra außen über der Tür zum Schlafzimmer

Problem	Vasati-Defekt	Lösung
keine Partnerschaft	Westen zu offen oder zu leicht; Gefälle in Richtung Westen	transparentes Saturn-Yantra im Fenster; schwere Vorhänge
	Südosten vollständig geschlossen	Öffnung im Südosten schaffen; Venus-Yantra im Südosten; Kerze im Südosten
	Nordosten geschlossen oder blockiert	Jupiter-Yantra im Nordosten; frisches Wasser im Nordosten
	Nordwesten vollständig geschlossen	Nordwesten öffnen; Bewegung in den Nordwesten bringen; Mond-Yantra im Nordwesten
	Fehlbereich im Südosten	Venus-Yantra im Südosten; Kerze im Südosten; Fehlbereich blau streichen
Kinderlosigkeit, ungewollte	Nordosten blockiert	Jupiter-Yantra im Nordosten; frisches Wasser im Nordosten
	Toilette im Nordosten	Jupiter- und Ketu-Yantra „Rücken an Rücken" außen über der Toilettentür (Jupiter-Yantra schaut in den Raum)
	Nordosten hoch und schwer	frisches Wasser im Nordosten; Jupiter-Yantra im Nordosten
	Abstellraum im Nordosten	Abstellraum ausräumen; Jupiter-Yantra außen über der Tür zum Abstellraum

Problem	Vasati-Defekt	Lösung
	Nordosten fensterlos	Bild mit Wasser und Himmel; Jupiter-Yantra; frisches Wasser im Nordosten
Kommunikations-schwierigkeiten in der Partnerschaft	See im Nordwesten	Mond-Yantra im Nordwesten
	Nordwesten erweitert	Mond-Yantra im Nordwesten
	Fehlbereich im Nordwesten	Mond-Yantra im Nordwesten
	Abstellraum im Norden	Abstellraum ausräumen; Merkur-Yantra im Norden
	Nordwesten zu schwer	Mond-Yantra im Nordwesten; Bewegung in den Nordwesten bringen
Langeweile in der Partnerschaft	Schlafzimmer hat Fenster zum See	Venus-Yantra am Kopfende über dem Bett
	Badezimmer im Südosten	Venus-Yantra außen über der Badezimmertür
	Südosten ganz geschlossen	Südosten öffnen; Venus-Yantra im Südosten
	Schlafzimmer im Nordosten	Venus-Yantra am Kopfende über dem Bett; Jupiter-Yantra außen über der Schlafzimmertür
	Schlafzimmer im Westen	Venus-Yantra am Kopfende über dem Bett; Saturn-Yantra außen über der Schlafzimmertür

Problem	Vasati-Defekt	Lösung
Lebendigkeit fehlt in der Partnerschaft	Nordwesten völlig geschlossen	Mond-Yantra im Nordwesten; Nordwesten öffnen; Bewegung in den Nordwesten bringen
	Abstellraum im Nordwesten	Abstellraum leicht und beweglicher gestalten; Mond-Yantra im Nordwesten; Nordwesten öffnen; Bewegung in den Nordwesten bringen
	Badezimmer im Südosten	Venus-Yantra außen über der Badezimmertür
	Südosten ganz geschlossen	Südosten öffnen; Venus-Yantra im Südosten
	Fehlbereich im Südosten	Venus-Yantra im Südosten; Kerze im Südosten
Mann, dem – fehlt Freiheit in der Partnerschaft/der Mann fühlt sich eingeengt	Osten geschlossen und blockiert	Sonnen-Yantra im Osten
	Abstellraum im Osten	Abstellraum ausräumen; Sonnen-Yantra außen über der Tür zum Abstellraum
	Schlafzimmer im Westen	Venus-Yantra am Kopfende über dem Bett
	Nordosten fensterlos	Bild mit Wasser und Himmel, Jupiter-Yantra und frisches Wasser im Nordosten
	Nordosten hoch und schwer	frisches Wasser im Nordosten; Jupiter-Yantra im Nordosten

Problem	Vasati-Defekt	Lösung
	Abstellraum im Nordosten	Abstellraum ausräumen; Jupiter-Yantra außen über der Tür zum Abstellraum
Mann, der – ist dominant/die Frau fühlt sich unterdrückt	Schlafzimmer im Osten	Venus-Yantra am Kopfende über dem Bett; Sonnen-Yantra außen über der Schlafzimmertür
	Küche im Süden	Venus-Yantra außen über der Küchentür; Mars-Yantra über dem Herd
	Küche im Osten	Venus-Yantra außen über der Küchentür; Mars-Yantra über dem Herd
	Norden blockiert und geschlossen	Merkur-Yantra im Norden; Bild mit Wasser und Landschaft im Norden; frisches Wasser im Norden
Missverständnisse, häufige – in der Partnerschaft	Eingang im Nordwesten	Schutz-Yantra und Mond-Yantra „Rücken an Rücken" innen über der Eingangstür (Mond-Yantra schaut in den Raum)
	Eingang im Südosten	Schutz-Yantra und Venus-Yantra „Rücken an Rücken" innen über der Eingangstür (Venus-Yantra schaut in den Raum)
	Schlafzimmer im Nordwesten	Venus-Yantra am Kopfende über dem Bett; Mond-Yantra außen über der Schlafzimmertür

Problem	Vasati-Defekt	Lösung
Mutter, Beziehung zur – ist gestört	Norden blockiert oder geschlossen	Mond-Yantra im Norden; Bild mit Wasser und Landschaft im Norden; frisches Wasser im Norden
	Abstellraum im Norden	Abstellraum ausräumen; Mond-Yantra im Norden; Bild mit Wasser und Landschaft im Norden; frisches Wasser im Norden
	Badezimmer im Südwesten	Mond-Yantra außen über der Badezimmertür
	Badezimmer im Südosten	Mond-Yantra außen über der Badezimmertür
Respekt vor dem Partner fehlt	Schlafzimmer im Nordosten	Venus-Yantra am Kopfende über dem Bett; Jupiter-Yantra außen über der Schlafzimmertür
Sex, einseitiger Wunsch nach	Küche im Süden	Venus-Yantra außen über der Küchentür; Mars-Yantra über dem Herd
	Schlafzimmer im Südosten	Schlafzimmer verlegen; Venus-Yantra am Kopfende über dem Bett
	Süden zu offen; Gefälle in Richtung Süden	transparentes Mars-Yantra im Fenster; Süden schwer gestalten
	Küche oder Feuer im Südwesten	Mars-Yantra über Feuer oder Herd; Rahu-Yantra im Südwesten

Problem	Vasati-Defekt	Lösung
Sexualität, Gewalt in der –	Küche oder Feuer im Südwesten	Mars-Yantra über dem Herd; Venus-Yantra außen über der Küchentür
	Küche im Süden	Mars-Yantra über dem Herd; Venus-Yantra außen über der Küchentür
	Schlafzimmer im Südosten	Schlafplatz wechseln; Venus-Yantra am Kopfende über dem Bett
	Eingang im Südosten	Schutz-Yantra und Venus-Yantra „Rücken an Rücken" innen über der Eingangstür (Venus-Yantra schaut in den Raum)
Sexualität, keine erfüllte	Badezimmer im Südosten	Venus-Yantra außen über der Badezimmertür
	Südosten ganz geschlossen	Südosten öffnen; Venus-Yantra im Südosten
	Eingang im Südosten	Schutz-Yantra und Venus-Yantra Rücken an Rücken innen über der Eingangstür (Venus-Yantra schaut in den Raum)
	Süden zu offen; Gefälle in Richtung Süden	transparentes Mars-Yantra im Fenster; Süden schwer gestalten
	Küche oder Feuer im Südwesten	Mars-Yantra über Feuer oder Herd; Rahu-Yantra im Südwesten

Problem	Vasati-Defekt	Lösung
Streit, häufiger – in der Partnerschaft	Schlafzimmer im Südosten	Schlafzimmer verlegen; Venus-Yantra über dem Kopfende des Bettes
	Eingang im Südosten	Schutz-Yantra und Venus-Yantra „Rücken an Rücken" innen über der Eingangstür (Venus-Yantra schaut in den Raum)
	Eingang im Nordwesten	Schutz-Yantra und Mond-Yantra „Rücken an Rücken" innen über der Eingangstür (Mond-Yantra schaut in den Raum)
	Küche im Süden	Mars-Yantra über dem Herd
	Badezimmer im Südosten	Venus-Yantra außen über der Badezimmertür
Suchtprobleme in der Parterschaft	Badezimmer im Südwesten	Mond-Yantra außen über der Badezimmertür
	Südwesten erweitert	Südwesten schwer und geschlossen halten; Rahu- und Schutz-Yantra im Südwesten
	Südwesten offen und leicht	Südwesten schwer und geschlossen halten; Rahu- und Schutz-Yantra im Südwesten
	Schlafzimmer im Nordosten	Venus-Yantra am Kopfende über dem Bett; Jupiter-Yantra außen über der Schlafzimmertür

Problem	Vasati-Defekt	Lösung
	Keller im Südwesten	Rahu- und Schutz-Yantra im Südwesten; Südwesten schwer und geschlossen halten
	Garageneinfahrt im Südwesten	Rahu- und Schutz-Yantra „Rücken an Rücken" innen über dem Garagentor (Rahu-Yantra schaut in den Raum)
	Eingang im Südwesten	Rahu- und Schutz-Yantra „Rücken an Rücken" innen über der Eingangstür (Rahu-Yantra schaut in den Raum)
Teamgeist fehlt in der Partnerschaft	Toilette im Nordosten	Jupiter- und Ketu-Yantra „Rücken an Rücken" außen über der Toilettentür (Jupiter-Yantra schaut in den Raum)
	Nordosten hoch und schwer	frisches Wasser im Nordosten, Jupiter-Yantra im Nordosten
	Abstellraum im Nordosten	Abstellraum ausräumen; Jupiter-Yantra außen über der Tür zum Abstellraum
	Norden blockiert oder geschlossen	Mond-Yantra im Norden; Bild mit Wasser und Landschaft im Norden; frisches Wasser im Norden
	Fehlbereich oder Erweiterung im Nordwesten	Mond-Yantra im Nordwesten

Problem	Vasati-Defekt	Lösung
Trennung/Scheidung	Eingang im Westen	Schutz-Yantra und Saturn-Yantra Rücken an Rücken innen über der Eingangstür (Saturn-Yantra schaut in den Raum)
	Schlafzimmer im Nordosten	Schlafzimmer verlegen; Venus-Yantra über dem Kopfende des Bettes; Jupiter-Yantra außen über der Tür zum Schlafzimmer
	Abstellraum im Nordosten	Abstellraum ausräumen; Jupiter-Yantra im Nordosten; frisches Wasser im Nordosten
	Gefälle in Richtung Westen	transparentes Saturn-Yantra im Fenster; schwere Vorhänge; frisches Wasser im Westen
	Westen zu leicht und offen	transparentes Saturn-Yantra im Fenster; schwere Vorhänge
Unfruchtbarkeit der Frau	Norden blockiert oder geschlossen	Mond-Yantra im Norden; Bild mit Wasser und Landschaft im Norden; frisches Wasser im Norden
	Abstellraum im Norden	Abstellraum ausräumen; Mond-Yantra im Norden; Bild mit Wasser und Landschaft im Norden; frisches Wasser im Norden

Problem	Vasati-Defekt	Lösung
	Toilette im Nordosten	Jupiter- und Ketu-Yantra „Rücken an Rücken" außen über der Toilettentür (Jupiter-Yantra schaut in den Raum)
	Nordosten hoch und schwer	Wasser im Nordosten; Jupiter-Yantra im Nordosten
	Abstellraum im Nordosten	Abstellraum ausräumen; Jupiter-Yantra außen über der Tür zum Abstellraum
	Nordosten fensterlos	Bild mit Wasser und Himmel; Jupiter-Yantra und frisches Wasser im Nordosten
Untreue in der Partnerschaft	Schlafzimmer im Nordosten	Schlafzimmer verlegen; Venus-Yantra über dem Kopfende des Bettes; Jupiter-Yantra außen über der Tür zum Schlafzimmer
	Eingang im Südosten	Schutz-Yantra und Venus-Yantra Rücken an Rücken innen über der Eingangstür (Venus-Yantra schaut in den Raum)
	Erweiterung im Südosten	Venus-Yantra im Südosten
	Erweiterung im Nordwesten	Mond-Yantra im Nordwesten

Problem	Vasati-Defekt	Lösung
Unzufriedenheit, emotionale – in der Partnerschaft	Eingang im Nordwesten	Mond-Yantra im Nordwesten
	Erweiterung im Südwesten	Rahu- und Schutz-Yantra im Südwesten; Südwesten schwer und geschlossen halten
	Südwesten offen und leicht, Gefälle im Südwesten	Südwesten mit Möbeln beschweren; Schutz-Yantra und Rahu-Yantra im Südwesten
	Norden blockiert oder geschlossen	Mond-Yantra im Norden; Bild mit Wasser und Landschaft im Norden; frisches Wasser im Norden
	Wasser im Westen	transparentes Saturn-Yantra im Fenster; schwere Vorhänge
	Abstellraum im Nordwesten	Mond-Yantra im Nordwesten; Nordwesten öffnen; Bewegung in den Nordwesten bringen; Abstellraum leicht und beweglicher gestalten
	Abstellraum im Norden	Abstellraum ausräumen; Mond-Yantra im Norden; Bild mit Wasser und Landschaft im Norden; frisches Wasser im Norden
	Nordwesten völlig geschlossen	Nordwesten öffnen; Mond-Yantra im Nordwesten; Bewegung in den Nordwesten bringen

Problem	Vasati-Defekt	Lösung
Vater, Beziehung zum – ist gestört	Osten blockiert und geschlossen	Sonnen-Yantra im Osten; frisches Wasser im Osten; Bild der aufgehenden Sonne im Osten; Osten leicht gestalten
	Abstellraum im Osten	Abstellraum ausräumen; Sonnen-Yantra im Osten; frisches Wasser im Osten; Bild der aufgehenden Sonne im Osten
	Abstellraum im Nordosten	Abstellraum ausräumen; Jupiter-Yantra im Nordosten; frisches Wasser im Nordosten
	Nordosten geschlossen und blockiert	Jupiter-Yantra im Nordosten, frisches Wasser im Nordosten
	Erweiterung im Südwesten	Südwesten schwer und geschlossen halten; Rahu- und Schutz-Yantra im Südwesten
	Südwesten zu offen und leicht	Südwesten schwer und geschlossen halten; Rahu- und Schutz-Yantra im Südwesten
Vertrauen in den Partner fehlt	Badezimmer im Südosten	Venus-Yantra außen über der Badezimmertür
	Südosten ganz geschlossen	Südosten öffnen; Venus-Yantra im Südosten
	Fehlbereich im Südosten	Venus-Yantra im Südosten; Kerze im Südosten

Problem	Vasati-Defekt	Lösung
	Toilette im Nordosten	Jupiter- und Ketu-Yantra „Rücken an Rücken" außen über der Toiletten-tür (Jupiter-Yantra schaut in den Raum)
	Nordosten hoch und schwer	frisches Wasser im Nordosten; Jupiter-Yantra im Nordosten
	Abstellraum im Nordosten	Abstellraum ausräumen; Jupiter-Yantra außen über der Tür zum Abstellraum
	Erweiterung oder Fehlbereich im Südwesten	Südwesten schwer und geschlossen halten; Rahu- und Schutz-Yantra im Südwesten
	Südwesten zu offen und leicht	Südwesten schwer und geschlossen halten; Rahu- und Schutz-Yantra im Südwesten
Wechsel, häufiger – der Partner	Eingang im Nordwesten	Schutz-Yantra und Mond-Yantra „Rücken an Rücken" innen über der Eingangstür (Mond-Yantra schaut in den Raum)
	Erweiterung im Nordwesten	Mond-Yantra im Nordwesten
	Schlafzimmer im Nordwesten	Venus-Yantra am Kopfende über dem Bett und Mond-Yantra außen über der Schlafzimmertür
	Westen zu offen oder leicht; Gefälle in Richtung Westen	transparentes Saturn-Yantra im Fenster; schwere Vorhänge

Problem	Vasati-Defekt	Lösung
Zuneigung und Liebe fehlen in der Partnerschaft	Schlafzimmer im Nordosten	Venus-Yantra am Kopfende über dem Bett; Jupiter-Yantra außen über der Schlafzimmertür
	Schlafzimmer im Osten	Venus-Yantra am Kopfende über dem Bett; Sonnen-Yantra außen über der Schlafzimmertür
	Kopf liegt in Richtung Norden	mit dem Kopf in Richtung Süden oder Osten liegen; Venus-Yantra am Kopfende über dem Bett
	Schlafzimmer hat Fenster zum See	Venus-Yantra über dem Bett am Kopfende
	Badezimmer im Südosten	Venus-Yantra außen über der Badezimmertür

Tabelle 24

Kinder

Problem	Vasati-Defekt	Lösung
Dominanz der Kinder	Kinderzimmer im Südwesten	Kinderzimmer verlegen; Jupiter-Yantra außen über der Kinderzimmertür
Eltern, die Kinder hören nicht auf die –	Kinderzimmer im Südwesten	Kinderzimmer verlegen; Jupiter-Yantra im Nordosten des Kinderzimmers

Problem	Vasati-Defekt	Lösung
	Südwesten zu leicht und offen	Südwesten mit Möbeln beschweren; Schutz-Yantra und Rahu-Yantra im Südwesten
	Osten blockiert oder geschlossen	Sonnen-Yantra im Osten; frisches Wasser im Osten; Bild mit aufgehender Sonne im Osten
Gewalt wird in der Erziehung gegen die Kinder ausgeübt	Küche im Nordosten	Mars-Yantra über dem Herd und Jupiter-Yantra außen über der Tür zur Küche
	Küche im Norden	Mars-Yantra über dem Herd; Merkur-Yantra außen über der Tür zur Küche
	Kinderzimmer im Südosten	Kinderzimmer verlegen; Venus-Yantra am Kopfende über dem Bett
Hyperaktivität bei Kindern	Küche im Nordosten	Mars-Yantra über dem Herd; Jupiter-Yantra außen über der Küchentür
	Küche im Norden	Mars-Yantra über dem Herd; Merkur-Yantra außen über der Küchentür
	Kinderzimmer im Südosten	Kinderzimmer verlegen; Venus-Yantra am Kopfende über dem Bett

Problem	Vasati-Defekt	Lösung
Krankheit, Kinder sind oft krank	Kind schläft in individuell ungünstiger Richtung	Venus-Yantra über dem Kopfende des Bettes
	Kinderzimmer im Südosten	Kinderzimmer verlegen; Venus-Yantra über dem Kopfende des Bettes; Jupiter-Yantra im Nordosten des Kinderzimmers
	Nordosten schwer oder blockiert	Jupiter-Yantra im Nordosten; frisches Wasser im Nordosten
	Osten blockiert oder geschlossen	Sonnen-Yantra im Osten; frisches Wasser im Osten; Bild mit aufgehender Sonne im Osten
Loslösen, Kinder lösen sich nur schwer von zu Hause	Kinderzimmer im Südwesten	Kinderzimmer verlegen; Jupiter-Yantra im Nordosten des Kinderzimmers
	Nordosten blockiert oder geschlossen	Jupiter-Yantra im Nordosten; frisches Wasser im Nordosten
	Osten blockiert oder geschlossen	Sonnen-Yantra im Osten; frisches Wasser im Osten; Bild mit aufgehender Sonne im Osten
	Westen zu offen oder Gefälle in Richtung Westen	transparentes Saturn-Yantra im Fenster; schwere Vorhänge
Mutter, Beziehung zur – ist gestört	Norden blockiert oder geschlossen	Mond-Yantra im Norden; Bild mit Wasser und Landschaft im Norden; frisches Wasser im Norden

Problem	Vasati-Defekt	Lösung
	Abstellraum im Norden	Abstellraum ausräumen; Mond-Yantra im Norden; Bild mit Wasser und Landschaft im Norden; frisches Wasser im Norden
	Badezimmer im Südwesten oder Südosten	Mond-Yantra außen über der Badezimmertür
Mutter, der – fehlt es an Fürsorge für die Kinder	Norden blockiert und geschlossen	Merkur-Yantra im Norden; Bild mit Wasser und Landschaft im Norden; frisches Wasser im Norden
	Abstellraum im Norden	Abstellraum ausräumen; Merkur-Yantra im Nordwesten
	Toilette im Norden	Ketu-Yantra und Mond-Yantra „Rücken an Rücken" außen über der Tür zur Toilette (Mond-Yantra schaut in den Raum)
Mutter, die – kann sich nur schwer von den Kindern lösen	Kinderzimmer im Norden	Kinderzimmer verlegen; Mond-Yantra außen über der Tür zum Kinderzimmer; Jupiter-Yantra am Kopfende über dem Bett
	Mutter schläft im Nordosten	Schlafzimmer verlegen; Jupiter-Yantra außen über Tür zum Schlafzimmer; Venus-Yantra am Kopfende über dem Bett

Problem	Vasati-Defekt	Lösung
Respekt, den Kindern fehlt der – vor den Eltern	Kinderzimmer im Südwesten	Kinderzimmer verlegen; Venus-Yantra am Kopfende über dem Bett; Rahu-Yantra außen über der Tür zum Kinderzimmer
Schulprobleme/die Entwicklung der Kinder ist beeinträchtigt	Nordosten blockiert oder geschlossen	Jupiter-Yantra im Nordosten; frisches Wasser im Nordosten
	Toilette im Nordosten	Jupiter- und Ketu-Yantra „Rücken an Rücken" außen über der Toilettentür (Jupiter-Yantra schaut in den Raum)
	Osten blockiert oder geschlossen	Sonnen-Yantra im Osten; frisches Wasser im Osten; Bild mit aufgehender Sonne im Osten
	Westen zu stark geöffnet	transparentes Saturn-Yantra im Fenster; schwere Vorhänge
	Eingang im Südwesten	Eingang schließen; Schutz-Yantra und Jupiter-Yantra „Rücken an Rücken" innen über dem Eingang (Jupiter-Yantra schaut in den Raum)
Streit, Kinder streiten häufig miteinander	Kinderzimmer im Südosten	Kinderzimmer verlegen; Venus-Yantra über dem Kopfende des Bettes; Jupiter-Yantra im Nordosten des Kinderzimmers
	Eingang im Nordosten	Jupiter-Yantra innen über dem Eingang

Problem	Vasati-Defekt	Lösung
	Badezimmer im Südosten	Venus-Yantra außen über der Badezimmertür
	Küche im Nordosten	Mars-Yantra über dem Herd; Jupiter-Yantra außen über der Küchentür
	Feuer im Nordosten	Feuer im Nordosten reduzieren; frisches Wasser im Nordosten; Jupiter-Yantra im Nordosten
	Fernseher oder andere technische Geräte im Nordosten	Fernseher usw. in den Süden oder Südosten bringen; Mars-Yantra auf der Rückseite des Fernsehers; frisches Wasser im Nordosten; Jupiter-Yantra im Nordosten
Unfälle, Kinder haben häufig –	Südwesten zu offen oder zu leicht; Gefälle in Richtung Südwesten	Südwesten mit Möbeln beschweren; Schutz-Yantra und Rahu-Yantra im Südwesten
	Eingang im Südwesten	Eingang schließen; Schutz-Yantra und Jupiter-Yantra „Rücken an Rücken" innen über dem Eingang (Jupiter-Yantra schaut in den Raum)
	Küche oder Feuer im Nordosten	Mars-Yantra über dem Herd; Jupiter-Yantra außen über der Küchentür
	Nordosten blockiert oder geschlossen	Jupiter-Yantra im Nordosten; frisches Wasser im Nordosten

Problem	Vasati-Defekt	Lösung
Vater, Beziehung zum – ist gestört	Osten blockiert und geschlossen	Sonnen-Yantra im Osten; frisches Wasser im Osten; Bild der aufgehenden Sonne im Osten; Osten leicht gestalten
	Abstellraum im Osten	Abstellraum ausräumen; Sonnen-Yantra im Osten; frisches Wasser im Osten; Bild der aufgehenden Sonne im Osten
	Abstellraum im Nordosten	Abstellraum ausräumen; Jupiter-Yantra im Nordosten; frisches Wasser im Nordosten
	Nordosten geschlossen und blockiert	Jupiter-Yantra im Nordosten, frisches Wasser im Nordosten
	Erweiterung im Südwesten	Südwesten schwer und geschlossen halten; Rahu- und Schutz-Yantra im Südwesten
	Südwesten zu offen und leicht	Südwesten schwer und geschlossen halten; Rahu- und Schutz-Yantra im Südwesten

Tabelle 25

Familie

Problem	Vasati-Defekt	Lösung
Ahnen, Beziehung zu den – ist gestört	Ahnen-Fotos im Nordosten oder Osten	Ahnen-Fotos in den Südwesten bringen
	Südwesten zu offen oder leicht	Südwesten schwer und geschlossen halten; Rahu- und Schutz-Yantra im Südwesten
	Gefälle in Richtung Südwesten	Südwesten schwer und geschlossen halten; Rahu- und Schutz-Yantra im Südwesten
	Eingang im Südwesten	Rahu- und Schutz-Yantra „Rücken an Rücken" innen über der Eingangstür (Rahu-Yantra schaut in den Raum)
	Badezimmer im Südwesten	Mond-Yantra außen über der Badezimmertür
Betrug in der Familie	Fehlbereich im Nordwesten	Mond-Yantra im Nordwesten
	Eingang im Nordwesten	Schutz-Yantra und Mond-Yantra „Rücken an Rücken" innen über der Eingangstür (Mond-Yantra schaut in den Raum)
	Eingang im Südosten	Schutz-Yantra und Venus-Yantra „Rücken an Rücken" innen über der Eingangstür (Venus-Yantra schaut in den Raum)

Problem	Vasati-Defekt	Lösung
finanzielle Probleme in der Familie	Badezimmer im Südosten	Venus-Yantra außen über der Badezimmertür
	Schlafzimmer im Südosten	Schlafzimmer verlegen; Venus-Yantra über dem Kopfende des Bettes
	Norden blockiert oder geschlossen	Merkur-Yantra im Norden; Bild mit Wasser und Landschaft im Norden; frisches Wasser im Norden
	Nordosten blockiert oder geschlossen	Jupiter-Yantra im Nordosten; frisches Wasser im Nordosten
	Gefälle vom Südwesten in Richtung Nordosten	Rahu-Yantra im Südwesten und Jupiter-Yantra im Nordosten
	Schlafzimmer im Nordosten	Venus-Yantra am Kopfende über dem Bett; Jupiter-Yantra außen über der Tür zum Schlafzimmer
	Eingang im Südosten	Schutz-Yantra und Venus-Yantra „Rücken an Rücken" innen über der Eingangstür (Venus-Yantra schaut in den Raum)
Frauen sind dominant	Norden offen, Osten geschlossen	Sonnen-Yantra im Osten
	Osten geschlossen und blockiert	Sonnen-Yantra im Osten
	Eingang in Richtung Norden	Sonnen-Yantra im Osten

Problem	Vasati-Defekt	Lösung
	Nordwest-Südost-Achse im Haus dominant	Jupiter-Yantra im Nordosten und Rahu-Yantra im Südwesten
	Nordosten blockiert	Jupiter-Yantra im Nordosten; frisches Wasser im Nordosten
Humor und Heiterkeit fehlen in der Familie	Nordwesten völlig geschlossen	Mond-Yantra im Nordwesten; Nordwesten öffnen; Bewegung in den Nordwesten bringen
	Abstellraum im Nordwesten	Mond-Yantra im Nordwesten; Nordwesten öffnen; Bewegung in den Nordwesten bringen; Abstellraum leicht und beweglicher gestalten
	Fehlbereich im Nordwesten	Mond-Yantra im Nordwesten; Bewegung in den Nordwesten bringen
	Norden blockiert oder geschlossen	Mond-Yantra im Norden; Bild mit Wasser und Landschaft im Norden; frisches Wasser im Norden
	Abstellraum im Norden	Abstellraum ausräumen; Merkur-Yantra im Nordwesten
Kinder, in der Erziehung wird Gewalt gegen die – ausgeübt	Küche im Nordosten	Mars-Yantra über dem Herd und Jupiter-Yantra außen über der Tür zur Küche
	Küche im Norden	Mars-Yantra über dem Herd; Merkur-Yantra außen über der Tür zur Küche

Problem	Vasati-Defekt	Lösung
	Kinderzimmer im Südosten	Kinderzimmer verlegen; Venus-Yantra am Kopfende über dem Bett
Kommunikations-schwierigkeiten in der Partnerschaft	See im Nordwesten	Mond-Yantra im Nordwesten
	Nordwesten erweitert	Mond-Yantra im Nordwesten
	Fehlbereich im Nordwesten	Mond-Yantra im Nordwesten
	Abstellraum im Norden	Abstellraum ausräumen; Merkur-Yantra im Norden
	Nordwesten zu schwer	Mond-Yantra im Nordwesten; Bewegung in den Nordwesten bringen
Männer sind dominant	Osten offen, Norden geschlossen	Shri-Yantra im Norden
	Norden geschlossen und blockiert	Mond-Yantra im Norden; Bild mit Wasser und Landschaft im Norden; frisches Wasser im Norden
	Haus in Richtung Osten gerichtet	Shri-Yantra im Norden
	Südwest-Nordost-Achse im Haus dominant	Mond-Yantra im Nordwesten und Venus-Yantra im Südosten
	Südosten vollständig geschlossen	Venus-Yantra im Südosten und Südosten öffnen; Kerze im Südosten

Problem	Vasati-Defekt	Lösung
Missverständnisse, häufige – zwischen den Familienmitgliedern	Eingang im Nordwesten	Schutz-Yantra und Mond-Yantra „Rücken an Rücken" innen über der Eingangstür (Mond-Yantra schaut in den Raum)
	Eingang im Südosten	Schutz-Yantra und Venus-Yantra „Rücken an Rücken" innen über der Eingangstür (Venus-Yantra schaut in den Raum)
	Schlafzimmer im Nordwesten	Venus-Yantra am Kopfende über dem Bett; Mond-Yantra außen über der Schlafzimmertür
Mutter, Beziehung zur – ist gestört	Norden blockiert oder geschlossen	Mond-Yantra im Norden; Bild mit Wasser und Landschaft im Norden; frisches Wasser im Norden
	Abstellraum im Norden	Abstellraum ausräumen; Mond-Yantra im Norden; Bild mit Wasser und Landschaft im Norden; frisches Wasser im Norden
	Badezimmer im Südwesten	Mond-Yantra außen über der Badezimmertür
	Badezimmer im Südosten	Mond-Yantra außen über der Badezimmertür
Mutter, der – fehlt es an Fürsorge für die Kinder	Norden blockiert und geschlossen	Merkur-Yantra im Norden; Bild mit Wasser und Landschaft im Norden; frisches Wasser im Norden

Problem	Vasati-Defekt	Lösung
	Abstellraum im Norden	Abstellraum ausräumen; Merkur-Yantra im Nordwesten
	Toilette im Norden	Ketu-Yantra und Mond-Yantra „Rücken an Rücken" außen über der Tür zur Toilette (Mond-Yantra schaut in den Raum)
Mutter kann sich schwer von Kindern lösen	Kinderzimmer im Norden	Kinderzimmer verlegen; Mond-Yantra außen über der Tür zum Kinderzimmer; Jupiter-Yantra am Kopfende über dem Bett
	Mutter schläft im Nordosten	Schlafzimmer verlegen; Jupiter-Yantra außen über der Tür zum Schlafzimmer; Venus-Yantra am Kopfende über dem Bett
Respekt vor dem Partner fehlt	Schlafzimmer im Nordosten	Venus-Yantra am Kopfende über dem Bett; Jupiter-Yantra außen über der Schlafzimmertür
Streit, häufiger – beim Essen	Essplatz im Südosten	Venus-Yantra über dem Esstisch
	Essplatz im Südwesten	Venus-Yantra über dem Esstisch
	Essplatz im Nordosten	Venus-Yantra über dem Esstisch
	Essplatz im Osten	Venus-Yantra über dem Esstisch

Problem	Vasati-Defekt	Lösung
Streit, häufiger – in der Familie	Küche im Südwesten	Venus-Yantra über dem Esstisch
	Küche im Süden und im Westen	Venus-Yantra über dem Esstisch
	Schlafzimmer im Südosten	Schlafzimmer verlegen; Venus-Yantra über dem Kopfende des Bettes
	Eingang im Südosten	Schutz-Yantra und Venus-Yantra „Rücken an Rücken" innen über der Eingangstür (Venus-Yantra schaut in den Raum)
	Eingang im Nordwesten	Schutz-Yantra und Mond-Yantra „Rücken an Rücken" innen über der Eingangstür (Mond-Yantra schaut in den Raum)
	Küche im Süden	Mars-Yantra über dem Herd
	Badezimmer im Südosten	Venus-Yantra außen über der Badezimmertür
Suchtprobleme in der Familie	Badezimmer im Südwesten	Mond-Yantra außen über der Badezimmertür
	Südwesten erweitert	Südwesten schwer und geschlossen halten; Rahu- und Schutz-Yantra im Südwesten
	Südwesten offen und leicht	Südwesten schwer und geschlossen halten; Rahu- und Schutz-Yantra im Südwesten

Problem	Vasati-Defekt	Lösung
	Schlafzimmer im Nordosten	Venus-Yantra am Kopfende über dem Bett; Jupiter-Yantra außen über der Schlafzimmertür
	Keller im Südwesten	Rahu- und Schutz-Yantra im Südwesten; Südwesten schwer und geschlossen halten
	Garageneinfahrt im Südwesten	Rahu- und Schutz-Yantra „Rücken an Rücken" innen über dem Garagentor (Rahu-Yantra schaut in den Raum)
	Eingang im Südwesten	Rahu- und Schutz-Yantra „Rücken an Rücken" innen über der Eingangstür (Rahu-Yantra schaut in den Raum)
Teamgeist fehlt in der Familie	Toilette im Nordosten	Jupiter- und Ketu-Yantra „Rücken an Rücken" außen über der Toilettentür (Jupiter-Yantra schaut in den Raum)
	Nordosten hoch und schwer	frisches Wasser im Nordosten, Jupiter-Yantra im Nordosten
	Abstellraum im Nordosten	Abstellraum ausräumen; Jupiter-Yantra außen über der Tür zum Abstellraum
	Norden blockiert oder geschlossen	Mond-Yantra im Norden; Bild mit Wasser und Landschaft im Norden; frisches Wasser im Norden

Problem	Vasati-Defekt	Lösung
	Fehlbereich oder Erweiterung im Nordwesten	Mond-Yantra im Nordwesten
Trennung/Scheidung der Eltern	Eingang im Westen	Schutz-Yantra und Saturn-Yantra Rücken an Rücken innen über der Eingangstür (Saturn-Yantra schaut in den Raum)
	Schlafzimmer im Nordosten	Schlafzimmer verlegen; Venus-Yantra über dem Kopfende des Bettes; Jupiter-Yantra außen über der Tür zum Schlafzimmer
	Abstellraum im Nordosten	Abstellraum ausräumen; Jupiter-Yantra im Nordosten; frisches Wasser im Nordosten
	Gefälle in Richtung Westen	transparentes Saturn-Yantra im Fenster; schwere Vorhänge; frisches Wasser im Osten
	Westen zu leicht und offen	transparentes Saturn-Yantra im Fenster; schwere Vorhänge
Vater, Beziehung zum – ist gestört	Osten blockiert und geschlossen	Sonnen-Yantra im Osten; frisches Wasser im Osten; Bild der aufgehenden Sonne im Osten; Osten leicht gestalten

Problem	Vasati-Defekt	Lösung
	Abstellraum im Osten	Abstellraum ausräumen; Sonnen-Yantra im Osten; frisches Wasser im Osten; Bild der aufgehenden Sonne im Osten
	Abstellraum im Nordosten	Abstellraum ausräumen; Jupiter-Yantra im Nordosten; frisches Wasser im Nordosten
	Nordosten geschlossen und blockiert	Jupiter-Yantra im Nordosten, frisches Wasser im Nordosten
	Erweiterung im Südwesten	Südwesten schwer und geschlossen halten; Rahu- und Schutz-Yantra im Südwesten
	Südwesten zu offen und leicht	Südwesten schwer und geschlossen halten; Rahu- und Schutz-Yantra im Südwesten
Vertrauen in die anderen Familienmitglieder fehlt	Badezimmer im Südosten	Venus-Yantra außen über der Badezimmertür
	Südosten ganz geschlossen	Südosten öffnen; Venus-Yantra im Südosten
	Fehlbereich im Südosten	Venus-Yantra im Südosten; Kerze im Südosten
	Toilette im Nordosten	Jupiter- und Ketu-Yantra „Rücken an Rücken" außen über der Toilettentür (Jupiter-Yantra schaut in den Raum)

Problem	Vasati-Defekt	Lösung
	Nordosten hoch und schwer	frisches Wasser im Nordosten; Jupiter-Yantra im Nordosten
	Abstellraum im Nordosten	Abstellraum ausräumen; Jupiter-Yantra außen über der Tür zum Abstellraum
	Erweiterung oder Fehlbereich im Südwesten	Südwesten schwer und geschlossen halten; Rahu- und Schutz-Yantra im Südwesten
	Südwesten zu offen und leicht	Südwesten schwer und geschlossen halten; Rahu- und Schutz-Yantra im Südwesten
Zuneigung und Liebe fehlen in der Familie	Schlafzimmer im Nordosten	Venus-Yantra am Kopfende über dem Bett; Jupiter-Yantra außen über der Schlafzimmertür
	Schlafzimmer im Osten	Venus-Yantra am Kopfende über dem Bett; Sonnen-Yantra außen über der Schlafzimmertür
	Kopf liegt in Richtung Norden	mit dem Kopf in Richtung Süden oder Osten liegen; Venus-Yantra am Kopfende über dem Bett
	Schlafzimmer hat Fenster zum See	Venus-Yantra über Bett am Kopfende
	Badezimmer im Südosten	Venus-Yantra außen über der Badezimmertür

Problem	Vasati-Defekt	Lösung
Zusammengehörigkeitsgefühl innerhalb der Familie ist gering	Norden blockiert und geschlossen	Merkur-Yantra im Norden; Bild mit Wasser und Landschaft im Norden; frisches Wasser im Norden
	Nordosten blockiert und geschlossen	Jupiter-Yantra im Nordosten; frisches Wasser im Nordosten

Tabelle 26

Vasati – Die Kunst zu wohnen

Wenn Sie Fragen zum Thema „Vasati" oder Interesse an einem der folgenden Angebote haben, wenden Sie sich bitte an den Autor:

Vasati-Beratung
- baubegleitende Beratung
- Begehung Ihres Hauses oder Ihrer Wohnung mit Korrektur vor Ort
- Vasati-Beurteilung auf der Grundlage eines Grundrisses

Vasati-Produkte
- Meru-Chakra und Vasati-Pyramide
- Raumakupunktur-Set
- farbige Yantras

Vasati-Ausbildung
- zwölfmonatiges Fernstudium mit Diplomabschluss
- Ausbildung mit 7-Tage-Intensivseminaren und Diplomabschluss

Weitere Ausbildungen und Seminare
- Ayurvedischer Gesundheitsberater: Fernstudium mit Praxiswochen
- Vedische Astrologie: Ausbildung und Fernstudium
- Sanskrit-Fernstudium

Vedisches Horoskop, Berechnung eines günstigen Zeitpunktes, Schutzhoroskop, Partnerschaftsanalyse

Marcus Schmieke · *Veden-Akademie* · Hirschgrund 94
01814 Schöna · Tel. 03 50 28/8 58 55 · Fax 03 50 28/8 58 51
E-mail Marcus.Schmieke@t-online.de
www.vasati.de und www.veden-akademie.de

Die Veden-Akademie

Vedische Ausbildungen für Glück und Erfolg im Privat- und Berufsleben

Die Veden-Akademie lehrt und forscht seit 1996 in allen Bereichen praktischen vedischen Wissens. Hieraus entwickelte sich ein ganzheitliches Ausbildungskonzept mit den folgenden Studiengängen:

Vasati – Vedische Baukunst

- Vasati-Berater: 7-Tage-Seminar
- Vasati-Planer: 7-Tage-Seminar
- Vasati-Astrologe
- Vasati und Gravitationswellen *(auch als Fernstudium)*

Vedische Astrologie

- Vedischer Astrologe: 7-Tage-Seminar
- Anwendung und Praxis: 7-Tage-Seminar
- Partnerschaftsastrologie
- MaHaBote – Homestudy-Set *(auch als Fernstudium)*

Ayurveda-Naturheilkunde

- Grundstudium: 6-monatiger Fernkurs
- Hauptstudium: 6-monatiger Fernkurs
- Ayurveda-Praxiswoche
- Ernährung und Kochen *(nur als Fernstudium mit Praxiswoche)*

Veden – Sprache und Spiritualität

- Sanskrit-Grundstudium als Fernkurs
- Mantra-Ausbildung in Seminarform
- Vedische spirituelle Philosophie
- Spirituelle Astrologie
- Vedische Rituale und Zeremonien

Diplom „Vedischer Lebensberater“

- Berater
- Astrologie 1
- Ayurveda-Grundstudium oder vergleichbare Ausbildung
- ein spirituelles Seminar

Die Kurse können einzeln mit Diplomabschluss oder kombiniert mit dem Diplomabschluss „Vedischer Lebensberater“ absolviert werden.

Außerdem können Sie die Ausbildungen auch bequem im Fernstudium absolvieren. Die Ausbildungen in „Vasati“ und „Vedischer Astrologie“ werden sowohl in Seminarform als auch in Form eines Fernstudiums durchgeführt. „Ayurveda“, „MaHaBote“ und „Sanskrit“ werden nur als Fernstudiengänge angeboten. Auf den folgenden Seiten werden die Ausbildungen im Einzelnen beschrieben.

Bitte fordern Sie gratis unseren vollständigen Seminarplan mit den aktuellen Terminen, Seminarorten und Preisen an!

Vasati – Vedische Wohn- und Baukunst für das 3. Jahrtausend

Es gibt Häuser, in denen man sich rundum wohl fühlt und in denen einem einfach alles gelingt. In anderen Gebäuden sind Menschen ständig krank und erleiden einen Rückschlag nach dem anderen. Überlassen Sie die Qualität Ihres Wohn- und Arbeitsraums nicht dem Zufall!

Mit Vasati, der Jahrtausende alten Wissenschaft von der Raumqualität, schaffen Sie harmonische Räume, die Sie auf allen Ebenen vor negativen Einflüssen schützen und mit positiver Lebenskraft versorgen. Ein nach Vasati erbautes Gebäude lässt sich mit einem Kristall vergleichen, dessen energetisches Schutzschild so stark ist, dass fremde negative Energien von außen nicht ins Innere vordringen können. Ein Vasati-Haus ist daher auch für Sie und Ihre Familie der optimale Schutz.

Vasati ist die moderne wissenschaftliche Form von Vastu. Es verspricht Ihnen die größte Sicherheit bei der Korrektur, Umgestaltung oder Neuplanung Ihrer Wohn- und Arbeitsräume. Erfahren Sie selbst die Kraft lebendiger Räume mit Vasati!

Die vier Ebenen ganzheitlichen Wohnens nach Vasati

Vasati ist ein klares, widerspruchsfreies wissenschaftliches System, das es ermöglicht, neue Gebäude im Einklang mit den Naturgesetzen zu bauen und bestehende Wohnungen und Häuser mit einfachen Mitteln energetisch zu optimieren. Das geschieht auf mehreren Ebenen und auf unterschiedliche Weise:

- *physisch* durch gesunde Materialien und den Schutz vor technischen Strahlen
- *energetisch* durch den Schutz vor Erdstrahlen und Wasseradern, indem es uns mehr Lebensenergie zur Verfügung stellt
- *karmisch* durch die Stärkung positiver Planeteneinflüsse im Haus und die Abstimmung des Hauses auf seine Bewohner
- *im Bereich des Bewusstseins* durch individuelle Gestaltung Ihrer Räume und indem Sie sich selbst im Spiegel Ihrer Wohnung erkennen

Vasati-Berater: Ein Beruf mit Zukunft

Wollen Sie sich mit einer lukrativen und kreativen Tätigkeit ein zweites Standbein schaffen oder Ihr jetziges Leistungs-Angebot erweitern? Nutzen Sie als Vasati-Berater eine täglich wachsende Nische. Mit Vasati sind Sie anderen Anbietern im Wohn- und Baubereich einen entscheidenden Schritt voraus.

Wenn Sie in Ihrem eigenen Zuhause mehr Sicherheit, Erfolg und Lebensqualität erfahren oder Ihr eigenes Traumhaus planen möchten, ist die Vasati-Ausbildung ebenfalls ein sicherer Weg zum Ziel.

Die Vasati-Ausbildung im Überblick

Basisstufe:	Vasati 1: Vasati-Berater Vasati 2: Vasati-Planer
Aufbaustufe:	Vasati 3: Vasati-Astrologe Vasati 4: Vasati-Meister

- **Zusatzausbildung:** Vasati EKB: Vasati Erdstrahlen- und Körperenergie-Berater

Schon als Vasati-Berater können Sie selbstständig Vasati-Beratungen an bestehenden Wohnungen und Häusern durchführen. Als Vasati-Planer haben Sie die Basisausbildung abgeschlossen und sind in der Lage, eine qualifizierte Vasati-Beratung in allen Bereichen durchzuführen sowie Wohnungen und Geschäftsgebäude nach Vasati zu planen. Jede Ausbildungsstufe kann entweder in Form eines siebentägigen Seminars oder als halbjähriges Fernstudium absolviert werden.

Marcus Schmieke *Veden-Akademie* Hirschgrund 94
01814 Schöna Tel. 03 50 28/8 58 55 Fax 03 50 28/8 58 51
E-mail Marcus.Schmieke@t-online.de
www.vasati.de und www.veden-akademie.de